« Là où manque la pensée prospère la morale. »

François Bégaudeau

« Mais les hommes sont ainsi faits
que la plupart d'entre eux ne savent pas,
ne veulent pas voir les signes funestes. »

Joseph Kessel

Maquette de couverture : Le Petit Atelier
Photo : © Maren Becker / Plainpicture

ISBN : 978-2-7096-7006-7

Première édition : octobre 2022.

Astrid de Villaines

LES SEPT PÉCHÉS CAPITAUX DE LA GAUCHE

JC Lattès

DU MÊME AUTEUR

Astrid de Villaines, *Harcelées*, Plon, 2019.
Astrid de Villaines, Marie Labat, *Philippot Ier, le nouveau visage du Front national*, Plon, 2017.

www.editions-jclattes.fr

LES SEPT PÉCHÉS CAPITAUX
DE LA GAUCHE

Introduction

J'ai quatorze ans. Ce 22 avril 2002, j'ai quatorze ans et je rentre du collège, en bus comme chaque jour. Je comprends que Jean-Marie Le Pen est arrivé au second tour et que c'est grave. Je m'interroge sur ceux qui manifestent, après tout il n'a bravé aucun interdit légal. S'il est là, c'est que les Français ont voté pour lui. C'est notre système qui a permis sa victoire. Pourtant, des images repassent en boucle dans ma tête. Ces jeunes – ils me semblaient vieux à l'époque – qui pleurent devant les caméras de TF1 et de France 2. Chance pour eux, il n'y avait pas de chaînes d'info en continu, ni de trolls sur Twitter. Ils sont plus ou moins dans l'anonymat. Pourquoi pleurent-ils ? Mon cerveau d'adolescente ne comprend pas. Ils n'avaient pas prévu ? Ils n'avaient pas pu le prédire. Je ne comprends pas. Il faut dire que je vis à Nice, une ville qui n'est pas connue pour son gauchisme, et que mes parents ne sont pas socialistes. Mais quand même.

Vingt ans plus tard, j'ai trente-quatre ans. Dix ans de journalisme politique derrière moi et un passage par Lille, à Sciences Po, des fiefs de gauche qui m'ont ouvert les yeux et l'esprit. J'ai rencontré des ouvriers, des vrais, en bleu de travail dans le métro lillois et des intellectuels. J'ai fait un mélange de tout ça et je me suis construit une opinion. Ce que je ne comprends toujours pas en revanche, c'est comment, pendant tout ce temps-là, la gauche n'a pas tiré de leçon de cet échec fondateur. Que leur est-il arrivé ? Qu'ont-ils fait ? Pourquoi ne pas s'être reconstruits ? Certes, ils ont remporté une élection, celle de 2012 avec François Hollande, mais celui-ci a beaucoup déçu. Certes, Jean-Luc Mélenchon a construit le mouvement des Insoumis, mais peut-il avoir la majorité ? Certes, les écologistes ont eu « raison avant tout le monde », comme ils aiment le répéter, mais pour quoi faire ? Ce qui m'interroge surtout, c'est : pourquoi n'ont-ils pas en leur sein des jeunes de mon âge avec le même traumatisme et qui depuis ont grandi et entendent changer les choses ? « Des jeunes, on n'en trouve pas », me répliquait, pendant le quinquennat Hollande, François Kalfon, éternel « jeune du PS », né en 1968. « J'ai une équipe à l'Assemblée », assénait Jean-Luc Mélenchon, pendant la présidentielle 2022, fort d'une quinzaine de députés, quand le RPR en comptait, un an avant la victoire de Jacques Chirac en 1995, près de trois cents. « Nos maires n'ont jamais fait de bourdes », poursuivent les ténors écolos, qui ont fait une percée historique aux municipales de 2020 en gagnant des villes majeures détenues par la droite comme Marseille ou Bordeaux, mais n'ont jamais réussi à dépasser la barre des 5,25 % à la présidentielle, malgré huit tentatives en cinquante ans. Le parti communiste est mort et enterré, mais il ne semble pas s'en être rendu compte.

C'est une scène rapportée dans le documentaire *Comme un coup de tonnerre* qui m'a donné envie d'écrire ce livre quand je l'ai revue en 2021. Le 17 avril 2002, Lionel Jospin, encore Premier ministre et candidat du parti socialiste à l'élection présidentielle, est assis dans un fauteuil, à l'aise, comme s'il était sûr d'y rester. Il rit aux éclats. C'est rare. La question qui vient de lui être posée est pourtant plus que sérieuse : « Imaginez une seule seconde, Monsieur le candidat, que vous ne soyez pas au second tour. Vous votez pour qui ? »

« Ahahahahahah », répond Jospin, qui balance la tête en arrière, comme s'il venait d'entendre la meilleure blague de sa carrière. Depuis, je pense que le pire est toujours possible en politique – et donc dans l'Histoire – et qu'il faut s'y préparer.

En 2022, l'extrême droite atteint son plus haut niveau au second tour d'une élection présidentielle : 41,45 %. La répétition de l'Histoire, cette fois prévue, me saute aux yeux. Vingt ans ont passé et le parti de Jean-Marie Le Pen a plus que doublé son score, à mesure que le parti socialiste, lui, est tombé à la renverse. Les ouvriers ont basculé d'un camp à un autre, laissant la gauche en morceaux, incapable de l'emporter. J'ai besoin de comprendre ce qui s'est passé.

J'ai fouillé dans mes notes de journaliste politique depuis 2011. J'avais suivi la campagne présidentielle de François Hollande, son arrivée à l'Élysée, les frondeurs et enfin son renoncement. En 2017, je suivais celle de Jean-Luc Mélenchon et ses désaccords constants avec le parti communiste. Les écologistes aussi étaient dans le paysage. Tout était numérisé. J'ai ensuite mené des entretiens – une trentaine – pour remonter le fil de l'échec. J'ai vu des personnalités politiques présentes et passées, celles qui ont assisté au désastre, l'ont laissé advenir ou ont tenté de le contrer, et celles qui ont déserté. À toutes, je demandais un mot pour définir la gauche. Jean-Christophe Cambadélis : « pronostic vital engagé » ; Sandrine Rousseau : « Bérézina » ; Noël Mamère : « responsabilité collective » ; Gérard Miller : « son plus simple appareil ». « Vous serez les chefs du cimetière », prédit David Cormand aux Insoumis en 2017. Olivier Véran : « un dernier clou sur le cercueil » ; Christophe Castaner : « besoin de thérapie collective ». Je n'avais pas besoin d'enterrer la gauche, elle s'en chargeait très bien toute seule.

Comment en est-on arrivé là ? Comment le parti socialiste, pilier de la Vᵉ République, n'a pu obtenir que 1,75 % des voix à la présidentielle de 2022 ? Que s'est-il passé ? Depuis quand ? 1983 et le tournant de la rigueur auraient pu symboliser le début de la chute. Le ralliement de François Mitterrand aux politiques d'austérité après avoir déclamé, au congrès fondateur d'Épinay de 1971 qui crée le parti socialiste, que « celui qui n'accepte pas la rupture avec la société capitaliste ne peut pas être adhérent du parti socialiste », est un renoncement. Mais l'élection présidentielle de 2002 me semblait être le bon marqueur pour comprendre les enjeux d'aujourd'hui. Car pour la première fois, l'extrême droite prend la place du parti socialiste au second tour de la présidentielle. Vingt ans plus tard, en 2022, on en est au même point. Sauf qu'on était prévenus.

Depuis que je suis la vie politique et notamment les partis de gauche, j'ai observé leur longue et pénible descente aux enfers. Manque de volonté, paresse intellectuelle, colères mémorables, scandales sexuels et financiers, dérive vers la droite et l'extrême droite, perte de repères et de valeurs, incapacité à rassembler. Comment raconter tout ça ? Les sept péchés capitaux m'ont sauté au visage. Cœur de la morale chrétienne, venus tout droit des Anciens et repris largement dans tous les arts, ils sont éternels. Comme la gauche.

Pour appliquer la morale chrétienne à la politique, il me fallait le pape de la discipline. Pascal Perrineau, politologue depuis 1981, professeur émérite à Sciences Po, confirme la pertinence du choix de ces vingt années. « 2002, c'est le début d'un processus de délitement, de fractionnement qui va s'exprimer pleinement par la fin de la présidence Hollande et par l'état de misère dans laquelle se trouve la gauche aujourd'hui. Ils se sont effondrés. Effondrés[1] », me dit-il derrière ses lunettes reconnaissables entre mille. « Je n'ai jamais vu un pourcentage aussi faible de Français qui se disent de gauche. On est aux alentours de 24 ou 25 %. C'est hallucinant. Ils sont en train de perdre leur base. Quand on n'a plus de bonnes raisons de se sentir de gauche, on devient orphelin. » En sortant de son bureau, je réalise qu'il est situé place Saint-Thomas-d'Aquin, à Paris. Le père fondateur des péchés capitaux. Le clin d'œil m'a convaincue d'aller au bout.

1. Entretien avec l'autrice, 25 février 2022.

LA PARESSE

Paresse : comportement de quelqu'un qui répugne à l'effort, au travail, à l'activité[1].

1. Larousse.

Dans la littérature, il n'y a pas plus paresseux qu'Ilia Ilitch Oblomov, dans le roman éponyme d'Ivan Gontcharov publié en 1859. Issu de la noblesse russe, Oblomov passe son temps en robe de chambre, affalé sur un divan, à ne rien faire. Il est nostalgique de son enfance joyeuse et glorieuse. Un peu comme… le parti socialiste. Se reposant sur ses vieilles gloires, le parti socialiste a cru bon de ne plus faire d'efforts au cours des dernières années.

L'intuition était la bonne, la mise en pratique aurait sans doute mérité un peu plus de travail. À la rentrée de septembre 2021, Anne Hidalgo, maire de Paris, décide de se présenter à la magistrature suprême. D'un classicisme sans nom, elle sort un livre pour accompagner sa candidature, *Une femme française*[1], et

1. Anne Hidalgo, *Une femme française*, L'Observatoire, 2021.

choisit *Le Point*[1], journal de droite, pour en publier les bonnes feuilles. Même Emmanuel Macron a fait l'effort, au cours de son quinquennat, d'aller vers des médias plus jeunes et nouveaux, comme Brut. On pourrait s'arrêter sur la flemmardise d'une promotion aussi classique, comme quand Anne Hidalgo pose quelques semaines plus tôt dans les colonnes de *Paris Match*[2], en robe vert et blanc devant des vaches, pour tenter de casser une image trop parisienne. Artificialité. XXe siècle. Mais attachons-nous au fond. Seules deux lignes de son livre retiennent alors l'attention : sa volonté de « multiplier par deux au moins » le salaire des enseignants et de « toutes les personnes en contact avec les élèves », sur la durée d'un quinquennat. Une vaste blague. Même les enseignants rient jaune. On se moque d'eux. La mesure n'est bien évidemment pas chiffrée et le tollé général. Certains prédisent un budget total de 200 milliards d'euros, pour une mesure catégorielle. Impensable. Dans la coulisse, les conseillers socialistes ne s'alarment guère. « Ce n'est pas grave, on précisera, au moins on parle d'elle, les Français s'en fichent », me dit l'un d'eux quelques jours plus tard. Je n'en reviens pas. Non, les Français et les profs en particulier, électorat de base

1. « Anne Hidalgo : les extraits exclusifs d'*Une femme française* », *Le Point*, 9 septembre 2021.
2. Bruno Jeudy, « Anne Hidalgo en campagne », *Paris Match*, 9 juillet 2021.

d'Anne Hidalgo, ne s'en fichent pas. Ils prennent au sérieux ce qu'on leur propose, ils réfléchissent, comparent. S'ils se détournent des urnes, c'est aussi parce qu'ils ne les croient plus, les politiques. Et on aurait du mal à leur donner tort.

En janvier 2022, le programme socialiste qui est dévoilé a sacrément allégé la mesure. On n'en retient globalement pas grand-chose. Julien Dray, éternel membre du parti socialiste, observe le tout avec lassitude, devant un pavé de saumon à l'oseille, dans un restaurant de la place des Vosges qu'il affectionne. « Ils sortent un projet qui n'a aucun intérêt. Il n'y a pas d'angle d'attaque, pas de priorité, pas de vision historique de ce qu'on veut faire. Donc ils passent à côté[1]. »

Le manque de travail et d'efficacité, c'est ce qui m'a tout de suite frappée quand je couvrais le PS en 2018. Je ne retrouvais pas le parti que j'avais suivi en 2011, qui organisait les primaires géantes qui allaient porter François Hollande à l'Élysée. Le QG de campagne était une ruche, les animateurs de chaque pôle, des cerveaux. Le directeur de la stratégie numérique, Romain Pigenel, normalien, prend tout le monde de court avec sa « cellule riposte » et montre l'image d'un parti moderne, à la pointe

1. Entretien avec l'autrice, 3 mars 2022.

des techniques numériques d'influence, pressé de gagner. Ensuite, il a rejoint François Hollande à l'Élysée comme conseiller sur les mêmes thématiques, puis comme plume à la fin du quinquennat. On se revoit un an après la défaite de Benoît Hamon, en avril 2018, quand Olivier Faure a pris la tête du parti. Il est atterré. « Ils ne sont pas organisés. Ce n'est pas un "commando", ça manque de professionnalisme », se désespère-t-il, faisant le constat que « 90 % des jeunes ambitions sont parties chez Macron ou se cachent dans la nature ».

C'est vrai. Gabriel Attal, Christophe Castaner, Olivier Véran et tant de conseillers de l'ombre… Beaucoup ont quitté le navire. Quant aux poids lourds du mandat Hollande, un temps cités pour reprendre le parti, ils ont pris « un coup sur la tête » selon l'expression consacrée, et partent dans le privé. Bernard Cazeneuve devient avocat, Najat Vallaud-Belkacem, éditrice. « Il ne restait plus que le soldat Faure pour sauver la baraque », remarque sa conseillère en communication, Soraya Allam-Hernandez, quatre ans plus tard, en 2022.

Olivier Faure est élu premier secrétaire à l'issue du congrès d'Aubervilliers en avril 2018 sur la promesse d'ouvrir « les portes et les fenêtres » du mouvement. Il fait de grandes annonces, promet des chantiers thématiques pour refonder le logiciel et une grande plateforme numérique pour faire participer les militants. La mise en place prend du temps. Je travaille alors pour le journal *Le Monde*. Au bout d'un mois et demi, on décide de tirer un premier bilan du nouveau chef de parti. En sort une double page, déjà bien sympathique vu l'état des troupes. Un article sur « les premiers pas feutrés d'Olivier Faure à la tête du PS »[1], tout ce qu'il y a de mesuré, un portrait de Louis Mexandeau, ancien ministre de Mitterrand qui regrette le congrès d'Épinay et une courte interview du politologue Rémi Lefebvre, spécialiste du parti. Cette double page a mis en rogne le patron du parti socialiste qui s'est permis de téléphoner à mon chef de rubrique de l'époque, Nicolas Chapuis – aujourd'hui directeur adjoint de la rédaction du *Monde* –, pour lui dire tout le mal qu'il pensait de mon article. L'épisode dit deux choses : d'abord le déni d'un parti malade incapable de lire la moindre demi-critique dans un grand quotidien. Ensuite, la lâcheté de son premier secrétaire qui se plaint d'une journaliste qu'il connaît bien, directement auprès de son responsable hiérarchique, alors qu'elle est en CDD. Je ne lui en ai pas voulu personnellement, mais je me suis inquiétée de l'état du parti socialiste et de son manque de respect envers la presse. Olivier Faure n'est pas le seul

1. Astrid de Villaines, « Les premiers pas feutrés d'Olivier Faure à la tête du PS », *Le Monde*, 11 mai 2018.

parmi le personnel politique à tenter ce genre de pressions, mais c'est toujours plus étonnant venant de la gauche. Quand je l'ai interrogé sur cet épisode en mars 2022, Olivier Faure s'est excusé. « Tous les articles sur nous étaient pourris. On disait que le PS était mort. C'est tombé sur vous… Je trouvais profondément injuste de faire une double page sur un bilan un mois et demi après, alors qu'on avait jeté des ponts dans tous les sens. Il était absurde de me demander de relever le PS en quinze jours. » Ce n'est pas ce qu'on lui demandait.

« Ni fait, ni à faire »

Je faisais simplement le constat que le rythme n'était pas le bon, que quatre ans passaient très vite, que la défaite avait été lourde et qu'il fallait que ça dépote pour espérer se remettre en selle. À la même époque, Emmanuel Maurel, à la gauche du parti, s'impatiente. « C'est ni fait, ni à faire », soupire le député européen en avril 2018 – il a désormais pris ses distances avec le parti. « C'est bien de mettre des trentenaires, ils sont sympas, mais encore faut-il qu'ils soient bons. Là, ils sont nuls », pestait encore celui qui a soutenu le communiste Fabien Roussel à la présidentielle 2022. « Il y a cent vingt secrétaires nationaux, pas un n'a écrit une ligne en cinq ans », se lamente, en 2022, sous couvert d'anonymat, un socialiste resté dans les instances.

« Dans ma fédé, ils ne seraient même pas secrétaires de section… » Olivier Faure a toujours pris ces critiques avec distance : « Ceux qui disent cela sont ceux qui n'ont rien fait. J'aimerais bien avoir la production de tous ces gens-là, j'aimerais voir venir un livre, un texte, quelque chose... Il n'y a rien[1]. »

Quoi qu'il en soit, la campagne présidentielle est polluée par ce manque de résultats. Bernard Cazeneuve en fait l'amer constat publiquement, en janvier 2022. À trois mois du premier tour. « Pendant cinq ans, le travail sur le fond de réorganisation, de projection d'un projet, de mise en évidence de talents n'a pas été fait (…) Les socialistes ne se sont pas préparés comme ils auraient dû le faire à cette échéance[2]. » Dès le lendemain, Carole Delga, présidente socialiste de la région Occitanie en remet une couche[3] : « Les socialistes n'étaient pas assez prêts pour cette présidentielle, et nous avons une responsabilité collective. Je n'en exonère personne, pas même Bernard, même si je partage son analyse, nous n'avons pas assez travaillé. »

Les éléphants se sont transformés en paresseux. Selon le *National Geographic*, le paresseux « ne fait

1. Entretien avec l'autrice, 10 mars 2022.
2. « 8h30 franceinfo », France Info, 19 janvier 2022.
3. « Bonjour chez vous », Public Sénat, 20 janvier 2022.

pratiquement rien, et il est extrêmement doué pour ça, ce qui est un facteur déterminant pour sa survie[1]. »

Pendant tout le premier quinquennat d'Emmanuel Macron, le PS donne l'impression de se chercher sans jamais se trouver. D'abord hésitant sur la stratégie à adopter face au président issu de ses rangs, il se range finalement dans l'opposition mais peine à imprimer. Les porte-parole ne portent pas la parole. Gabrielle Siry-Houari, jeune élue du 18e arrondissement, a conservé son poste à la Banque de France, elle a peu de temps pour répondre aux sollicitations journalistiques. Elle a souvent été invitée sur CNews, la chaîne de Vincent Bolloré, et n'a pas aimé l'expérience. Depuis, elle estime que les déboires de son parti sont liés à la « droitisation extrême de la société et des médias ». Elle ne tire pas d'autres conclusions. À la télé, le second porte-parole du parti, Boris Vallaud, n'y va pas souvent. « Je n'aime pas trop ça. J'aime bien avoir l'espace pour dire les choses. Les réseaux sociaux et les chaînes d'info en continu ne permettent pas la nuance », m'explique-t-il un jour. « Ce n'est pas de son niveau, les chaînes d'info », répond à sa place un conseiller socialiste. Il faut bien pourtant parler aux Français… Ils font le minimum et ça se voit.

1. « Le paresseux, doué pour ne rien faire », *National Geographic*, 21 mars 2020.

Demandez une tribune à la présidente du groupe socialiste à l'Assemblée nationale, Valérie Rabault, pour dans deux jours, elle arrivera avec cinq jours de retard. Essayez de joindre un conseiller pour connaître les dates des meetings d'Anne Hidalgo en pleine campagne, il ne vous répondra pas. Allez voir le siège à Ivry-sur-Seine, il est désespérément vide et donne la sensation d'un parti en déshérence. Sans parler des fautes d'orthographe laissées régulièrement dans les messages à destination de la presse. L'amateurisme à tous les étages. En observant le parti socialiste ces dernières années, je me suis souvent dit que dans le privé, certains comportements aussi peu professionnels n'auraient jamais été acceptés. C'est comme s'il vivait sur une rente qui n'est plus. S'il y en a une qui résume bien cette déliquescence, c'est sans doute la responsable presse d'Anne Hidalgo pour sa campagne présidentielle. Françoise Pams, fumeuse de soixante-dix ans, est à l'image du parti : très peu efficace, pas réactive pour un sou, allant jusqu'à se tromper de lieu de rendez-vous lors d'un des premiers déplacements de la candidate. En novembre, elle arrive devant une école de Baume-les-Dames, près de Besançon, qu'Anne Hidalgo est censée visiter. « Ah non, c'est pas ici », répond la directrice d'école, devant les caméras de *Quotidien*[1]. C'est la fonctionnaire de

1. « 20h15 Express », *Quotidien*, 24 novembre 2021.

ce village qui donne à la communicante le déroulé du déplacement qu'elle est censée avoir elle-même organisé. « Je crois qu'elle a plutôt rendez-vous au cinéma. » Arrivée au cinéma, Hidalgo se retrouve face à une quinzaine de personnes. Un fiasco à ciel ouvert qui aurait dû l'alerter. Ce ne serait pas si grave si chaque cas était isolé. Mais l'accumulation fait système et, au-delà de donner une image d'inefficacité crasse, cela plombe le moral des troupes et les chances de remporter l'élection.

Quand Françoise Pams prend ses fonctions en octobre, nous lui proposons un café avec le journaliste qui suit la gauche au *HuffPost*. C'est une pratique courante pour faire connaissance et comprendre les dynamiques de la campagne à venir avec celle qui sera notre principale interlocutrice au cours des prochains mois. « Ah là, je pars en vacances », nous répond-elle. Je n'en reviens pas. Hidalgo vient de se lancer, mais l'une des pierres angulaires de son dispositif, à peine nommée, prend des vacances. À cinq mois du premier tour.

Le manque d'efficacité, on pourrait aussi le reprocher à EELV. Cherchez une retransmission vidéo du secrétaire national Julien Bayou en conférence de presse après l'accord historique de la Nouvelle union populaire écologique et sociale (Nupes), elle n'existe pas ; un lien YouTube pour suivre les universités d'été de 2021 à quelques jours de leur primaire ? C'est sur Facebook et le son saute. Il ne faut pas s'étonner de ne pas convaincre grand monde par la suite... Ici, c'est une tribune de Yannick Jadot à réécrire à cause de répétitions ; là, c'est son conseiller en communication qui fournit des éléments de langage à la presse avec le #jdcjdr pour « je dis ça, je dis rien ». Pauvreté intellectuelle. Les Français la ressentent forcément.

Dès 2012, le manque de renouvellement des cadres au sein du parti socialiste me frappe. Quelques années plus tard, j'en fais part à François Kalfon – il a alors quarante-trois ans – sur un trottoir près de l'Assemblée nationale. « Des jeunes, on n'en trouve pas », répond-il, très sûr de lui. La mâchoire m'est tombée. Je croise alors des dizaines de jeunes talents qui ne rêvent que d'une chose : intégrer les instances du parti socialiste. Ils sont brillants, éclectiques, pénètrent des domaines aussi variés qu'intéressants, mais lui, il n'en trouve pas. Comment une telle déconnexion est-elle possible ?

Est-ce par paresse qu'ils ne sont pas allés les chercher par tous les moyens ? Olivier Faure et Jean-Christophe Cambadélis ont pourtant pris soin de renouveler leurs instances, mais le résultat ne se voit pas. Ça ne prend pas. Pendant l'année électorale de 2022, j'ai beaucoup écouté de « spaces » sur

Twitter, tard dans la nuit. Ces espaces de dialogue ouverts à tous permettent d'entendre les jeunesses de gauche qui s'invectivent, débattent, tentent d'avancer ensemble. Ils sont pour la plupart inconnus du grand public. Je me demande pourquoi tous ces jeunes ne sont pas à la télé, portés et formés par leur parti. Une étudiante socialiste structurée répond, sans que j'aie besoin de poser la question. « Vous croyez qu'ils nous font de la place à nous les jeunes, dans le parti ? » Elle est en colère. Elle leur en veut. Pourtant, ils auraient tous à y gagner. Dix ans plus tard, il m'a fallu dix minutes et une insomnie sur Twitter pour en trouver de nouveaux, des « jeunes ». Qu'ont-ils fait ? En 2022, trois mois après l'accord de la Nupes, le PS revendique sept cents nouvelles adhésions de jeunes. Un progrès qu'il faudra surveiller.

« Les escargots continuent à dégorger »

David Cormand, secrétaire national des écologistes de 2016 à 2019, analyse ainsi les choses : « La fin de cycle de 2017 n'en finit pas de durer. Là, pour la social-démocratie, c'est terminé, pointe-t-il dès février 2022[1]. Après l'échec de Gaston Defferre en 1969, les socialistes fondent un nouveau parti, puis

1. Entretien avec l'autrice, 28 février 2022.

le programme commun de 1974. Or, après celui de Benoît Hamon, il n'y a pas eu de réaction théorique ou politique, encore moins de bilan ou d'aggiornamento. Les escargots ont continué à dégorger. La lente agonie se poursuit… »

La paresse n'est pas seulement un état de lenteur qui empêche le moindre effort, elle est aussi, au sens pathologique, « un manque de désir qui conduit à la lenteur, à l'apathie ou à la procrastination », selon la médecine. C'est le sentiment que le parti socialiste a donné, avant l'accord historique de la Nupes, soupirant en permanence, rechignant à avancer, anéanti par ses propres échecs. La campagne présidentielle de 2022 n'a fait qu'aggraver ce grand écart entre la population et le PS. Au cours de celle-ci, ils ont même réussi à faire fuir en interne le peu de troupes qu'il leur restait.

C'est ce député (ils ne sont que trente de 2017 à 2022) qui confesse en février 2022, sans rougir, qu'il est « en retrait ». Il n'en a pas envie. Il ne suit pas les soubresauts de la campagne d'Hidalgo. Il ne lit plus la presse qui concerne sa candidate. Il regarde le parti décrépir. C'est aussi ce premier fédéral du Nord, Benjamin Saint-Huile, trente-huit ans, maire de la commune de Jeumont, 10 000 habitants, qui jette l'éponge, un vendredi soir devant les caméras. À deux mois du premier tour. « Je ne peux plus dire à mes militants que ça va bien se passer, qu'il faut faire campagne et qu'on est légitime », constate-t-il, dépité. Il pointe un PS « entêté », une campagne où « rien ne se passe, rien ne prend ». Le lendemain, au téléphone, il décrit ainsi les raisons de cet échec : « Nous n'avons pas travaillé sur les vraies attentes des gens. Nous sommes terriblement à l'ancienne[1]. » Après quinze ans de militantisme, il me confie avoir pleuré en quittant son parti. Ce qui l'intéresse, ce sont les gens qu'il croise et qu'il entend aider. « Je suis un élu local, ici on ne peut pas mentir. Si vous dites à untel que la voirie sera réparée et que trois semaines plus tard ce n'est pas fait, il ne vous rate pas. Le PS n'a plus ce contact direct avec les gens. Chaque jour, je sens le décalage entre les appareils nationaux et les citoyens. » En juin 2022, il remporte son pari et est élu député du Nord, non inscrit.

Face au départ de ce patron de l'une des fédérations les plus importantes du parti socialiste, les ténors ne semblent pas repérer un quelconque signal ou entamer un début d'introspection. « Je crois que Benjamin Saint-Huile est surchargé par son mandat de maire[2] », ose Martine Aubry, l'historique maire

1. Entretien téléphonique, 6 février 2022.
2. Charlotte Belaïche, « Hidalgo à Lille : Une Aubry qui vous veut du bien », *Libération*, 6 février 2022.

de Lille. « Aubry représente à elle seule l'histoire du socialisme du Nord[1] », enterre Anne Hidalgo, qui mise sur l'Histoire plutôt que sur les rares forces encore vives d'un parti en miettes. Patrick Kanner, sénateur du Nord, soixante-cinq ans : « Sa décision importe peu, puisqu'il ne s'était pas vraiment engagé dans la campagne d'Anne Hidalgo. » « Je crois comprendre que des désaccords locaux ont guidé son choix et que la campagne ne lui convenait pas. Je crois savoir aussi qu'il est parti chez Macron[2] », relativise quelques semaines plus tard Olivier Faure, premier secrétaire du parti. Saint-Huile n'est pas parti chez Macron, il se présente face au député LREM sortant aux législatives. Sans surprise, quatre jours plus tard, Anne Hidalgo tombe à 1,5 % dans un sondage Elabe pour *L'Express* et BFMTV. « 1,5 %, on est dans la marge d'erreur, si ça se trouve elle est à 0 % », ironise auprès de moi une journaliste qui a suivi les heures de gloire du PS. Personne n'osera reprendre ce sondage, avant que Rachida Dati ne s'en empare à sa façon au conseil de Paris. « 1,5 % wouh hou ! 1,5 %, vous êtes à 1,5 %. »

Deux semaines avant ce départ qui en dit long, un autre signe aurait pu alerter la candidate en meeting à Aubervilliers, dans un département socialiste.

---

1. *Ibid.*
2. Entretien avec l'autrice, 10 mars 2022.

Ce 22 janvier 2022, Anne Hidalgo n'a pas réussi à remplir une salle de 1 000 personnes. Les images sont rudes. Les chaises vides tournent en boucle sur les réseaux sociaux. Au premier rang, aucun soutien de poids n'a fait le déplacement. Où est François Hollande ? Trop occupé à faire comme si sa candidature était encore possible. « L'un des ténors du parti socialiste nous a dit tout à l'heure… », commente en direct la journaliste de BFMTV. Quel ténor, me dis-je ? Il n'y en a plus. C'était Patrick Kanner. Qui connaît Patrick Kanner ? C'est un bon lieutenant, le patron du groupe socialiste au Sénat, hollandais, mais ce n'est pas un poids lourd politique. Martine Aubry et Bernard Cazeneuve ont enregistré un message « vidéo », mais n'ont pas fait le déplacement. Dépités, paresseux ou planqués, le résultat est le même : la descente aux enfers.

De la défaite de Benoît Hamon à celle d'Anne Hidalgo, ces cinq dernières années ont précipité le PS dans l'abîme. Mais il serait un peu réducteur de ne regarder que celles-ci. L'échec vient souvent de loin.

« *That's life* »

La plupart de mes interlocuteurs datent la fin idéologique du parti socialiste au référendum de 2005 sur le traité constitutionnel européen. Le PS se divise comme jamais, publiquement. C'est là que Jean-Luc Mélenchon, qui soutient le « non », comprend qu'il n'a plus rien à faire dans un parti qu'il juge trop libéral, dirigé par un François Hollande qui soutient le « oui ». Tout découlerait de ce moment. « À coups de synthèses, on a fini par supprimer la colonne vertébrale du PS. La preuve, c'est que cohabitaient en son sein des gens comme Benoît Hamon et moi qui n'avions rien à voir. Qu'est-ce qui nous rassemblait ? La quête du pouvoir et la logique partisane. C'est tout », confesse des années plus tard l'ancien ministre de Lionel Jospin et secrétaire d'État sous François Mitterrand, Jean Glavany[1]. Chez EELV, la question est aussi douloureuse. Lors d'un vote interne organisé le 13 février 2005, le parti se divise en une quasi-égalité parfaite dont il a le secret : 52,9 % du parti est pour, 41,9 % s'y oppose et 5,2 % s'abstient. Sur des sujets aussi fondamentaux que l'Europe et la gestion budgétaire, la scission est visible. Elle dure depuis des années.

22 avril 2002. Lendemain du premier tour de la présidentielle, dans les studios d'Europe 1. Les visages affichent de petits yeux que le café n'aide pas à dessiller. Jean-Pierre Elkabbach reçoit François Fillon et Jean Glavany pour un débat, au lendemain

1. Entretien avec l'autrice, 24 février 2022.

du séisme. Jean Glavany, directeur de campagne de Lionel Jospin, est physiquement atteint. Il est sous le choc. Il a mal dormi. Il a pris un cachet, mais ça n'a pas aidé. « Au début, on n'arrivait pas à y croire, on était un peu hébétés et après y a des tas d'images qui vous traversent. On a sûrement fait des conneries dans nos approches, mais il y a l'abstention qui joue aussi », commente-t-il, bougon et encore endormi. « Quelles conneries vous avez faites ? interroge Jean-Pierre Elkabbach, avec la voix du matin en touchant quelques papiers sur son bureau. C'est vous qui avez employé le mot. » La caméra capte toute la scène[1]. « Non, attendez, enfin, je ne sais pas, quoi, je cherche, je vais trouver, vous savez, nous on est des élus de terrain, quand je vais aller passer une semaine ou deux dans ma circonscription je vais parler au maire et à un certain nombre de relais d'opinion, je vais comprendre et dans dix jours c'est fait. J'ai des idées quand même. » En regardant la scène, je suis interloquée. Pourquoi ne pas avoir été sur le terrain avant ? Il aurait sans doute pu voir venir les choses, sentir l'opinion et les attentes de ses administrés. Vingt ans plus tard, dans un restaurant du Marais qui porte le nom opportun de « That's life », Jean Glavany n'a aucun souvenir de ce passage radio. Il relativise un quelconque

1. Jérôme Caza, Stéphane Meunier, François Roche, *Comme un coup de tonnerre*, 2P2L, 2002.

manque de terrain à cette époque. « En 2002, on ne perd pas par manque de fond ou de travail, Jospin c'est un travailleur. Son bilan est très bon et au sein de la gauche, il laisse un très bon souvenir », veut-il croire. L'ancien directeur de campagne de Lionel Jospin y voit surtout un problème de stratégie et la division – déjà – du parti socialiste entre ceux qui, comme lui, gèrent la campagne à l'Atelier, le QG du candidat, et son entourage à Matignon. « On a perdu parce qu'il y a eu une vraie sous-estimation par Lionel et son entourage du fait qu'il fallait se consacrer au premier tour et qu'on aurait eu ensuite le temps de s'occuper de Chirac. C'est une faute stratégique majeure », estime Jean Glavany qui pointe le rôle de Pierre Moscovici, alors ministre des Affaires européennes qui « n'a jamais rien compris à la politique » et qui « passait son temps à dire aux journalistes que le vrai directeur de campagne c'était lui et que moi je réservais des salles ». Vingt ans plus tard, les rancœurs sont encore lourdes. L'actuel président de la Cour des comptes, Pierre Moscovici, tombe de sa chaise quand il entend ça. « Il raconte n'importe quoi, Jean Glavany. »

« C'est après 2002 que tout part en couille », poursuit l'ancien député du Sud-Ouest, Jean Glavany, sévère avec les années de François Hollande à la tête du parti socialiste, de 1997 à 2008. L'emblématique premier secrétaire des années 2000, qui réussit tout de même à remporter l'élection présidentielle dix ans plus tard, n'aurait à ses yeux « pas bossé idéologiquement ». « Il bossait de 7 heures du matin à minuit pour être le plus compétent sur tous les sujets et tout comprendre le premier à toutes les réunions. Mais il ne bossait que pour lui. Il est obsédé par lui-même », juge Jean Glavany qui l'a côtoyé rue de Solférino.

Le manque de terrain et la déconnexion qui va avec, on peut le reprocher à toutes les formations de gauche actuelles. Après sa défaite en 1965, François Mitterrand a passé trente ans à parcourir la France, à rencontrer les gens, à traverser les sections socialistes de chaque recoin de chaque département. Il en fallait des efforts pour aller sentir le pays et comprendre ses aspirations. Les écologistes ne vont pas en banlieue. Yannick Jadot a les pires scores dans ces territoires, pourtant en quête de gauche. Jean-Luc Mélenchon, parachuté à Marseille aux législatives de 2017, arguant qu'il est « partout chez lui », a peu considéré son territoire d'élection. « C'est de notoriété publique à Marseille, il n'est pas souvent ici. Il est vu comme un Parisien qui vient de temps en temps quand il fait beau », lance un observateur attentif de la vie politique locale, passé par l'Hôtel de Ville. « Il n'était pas très investi à Marseille », reconnaît Clémentine Autain, députée insoumise de Seine-Saint-Denis qui lui trouve des excuses : « C'est toujours mieux de travailler sa circonscription, mais il est candidat à la présidentielle pour la troisième fois. Il a un profil national[1] », tempère la députée. Depuis sa création en 2016, la France insoumise a sciemment décidé d'« enjamber » les élections intermédiaires. Comment l'expliquer ? Une stratégie ? C'est ainsi que l'analyse Clémentine Autain qui n'y a jamais été favorable. « J'ai tendance à penser, du fait de mes origines communistes, qu'il faut investir le terrain. Les Insoumis font un travail très central, on est élus de la nation, on fait un travail national et d'ailleurs on le fait bien. »

« La France insoumise est un jeune mouvement. S'implanter dans des collectivités, ça prend du temps », se défend Manuel Bompard[2], directeur des campagnes de Jean-Luc Mélenchon, dans un café du 10e arrondissement de Paris bien nommé, *Le Renouveau*. « C'est vrai que chez nous, les militants sont plus intéressés par les grandes questions économiques et sociales. Il y a le sentiment partagé que dans une municipalité, vous allez pouvoir changer deux ou trois choses, mais pas changer le monde », observe le trentenaire, plus libre qu'à l'accoutumée. « Moi-même, je ne me suis jamais présenté à une élection locale », reconnaît le député européen qui a récupéré la circonscription en or massif de Jean-Luc

1. Entretien avec l'autrice, 26 janvier 2022.
2. Entretien avec l'autrice, 28 février 2022.

Mélenchon à Marseille aux législatives de 2022. Malgré son parachutage, il obtient 74 % des voix au second tour et entre à l'Assemblée nationale face à une candidate du parti présidentiel.

Quelques mois plus tôt, Manuel Bompard comparait ce défaut d'ancrage à la formation d'Emmanuel Macron. Avec le même résultat : une déconnexion progressive des problèmes et des aspirations authentiques des gens et un manque de ressentis issus du terrain. Jean-Luc Mélenchon n'est pas friand des marchés ou des bains de foule… Mais les électeurs ne sont pas seulement à Paris ou sur les plateaux de télévision. Sauf à quelques semaines du premier tour, quand les chaînes font l'effort d'aller chercher des Français « représentatifs » pour interroger les candidats. Ce fut le cas le 17 février 2022, dans « Face aux Français », sur BFMTV. Jean-Luc Mélenchon, qui a décidé de ne pas hausser le ton, écoute ce qu'ils ont à dire. « Les perquisitions, vous m'avez déçu », lui lance un syndicaliste CGT qui avait voté pour lui en 2017 mais qui votera communiste en 2022. « Nous, on ne veut pas d'aides, on veut travailler », lance une autre électrice, pas de son camp. Des remarques qu'il aurait pu entendre dans n'importe quel lieu public ou dans sa permanence et qui l'auraient sans aucun doute aidé à affiner sa stratégie lors du dernier quinquennat.

S'ils ont négligé le terrain, on ne peut en revanche reprocher aux Insoumis un quelconque manque de travail, notamment à l'Assemblée nationale ou dans les instances d'abord très fermées du mouvement, à Paris, avant la création d'un « parlement de l'union populaire » fin 2021. Homme de lettres, d'histoire, féru de culture politique, Jean-Luc Mélenchon valorise le travail intellectuel comme peu le font parmi les personnalités politiques actuelles. C'est surtout à leur capacité de travail qu'il évalue et promeut ses lieutenants. « Toi, au moins, ce que t'as c'est que tu travailles », a-t-il un jour lancé à Clémentine Autain, avec qui les relations ont pu être tendues au cours des dernières années. Du Mélenchon dans le texte. Désagréable, mais sincère. Elle est admirative : « Jean-Luc a des capacités de travail incroyables, des intuitions fortes, il travaille énormément... Il a quand même construit un outil, faut voir la machine! Chez nous c'est des bosseurs, c'est impressionnant. »

Avec très peu de députés, les Insoumis ont su s'imposer comme l'un des groupes les plus efficaces dans l'opposition au gouvernement, à force de vociférations, mais aussi de travail de fond. À dix-sept, ils occupent l'espace et font des propositions qu'ils parviennent mieux que personne à gauche à mettre en avant sur les réseaux sociaux. Ugo Bernalicis est ultra-présent en commission des lois, Adrien

Quatennens dans les médias, François Ruffin avec ses films, Mathilde Panot à la tribune, Caroline Fiat, sur les questions de santé. Cette dernière est aide-soignante, on en croise peu au parti socialiste. En 2022, ils réussissent à plus que quadrupler ce score et font entrer à l'Assemblée soixante-quinze députés, dont des symboles : Rachel Keke, femme de chambre, ou Mathilde Hignet, ouvrière agricole. Stéphane Ravacley, boulanger, était investi par la Nupes, mais il n'a pas été élu.

Leur programme *L'avenir en commun* est un livre complet et complexe. Les réflexions et les débats qui en sont à l'origine payent. Au point qu'une enquête Harris Interactive pour la France insoumise dévoilée en août 2021[1] atteste qu'une majorité de Français est d'accord avec l'essentiel de leurs propositions, comme la souveraineté économique ou la VIe république. Cerise sur le gâteau, le patron du Medef, Geoffroy Roux de Bézieux, juge quelques mois plus tard, en février 2022, Jean-Luc Mélenchon « prêt à gouverner ». « Ce ne sera pas le chaos » adouberait presque le patron des patrons sur France 2[2]. N'en jetez plus. Des signaux qui annoncent le très bon score de Jean-Luc Mélenchon à la présidentielle :

1. « Le sondage qui donne le sourire aux Insoumis… », *Le Dauphiné*, 26 août 2021.
2. « Élysée 2022 », France 2, 10 février 2022.

21,95 % des voix, le troisième homme d'une élection qui n'a que deux tours.

En miroir, l'échec du PS en 2022 était prévisible, le manque de travail, toujours contesté en interne, n'a clairement pas aidé. Comme Oblomov qui passe ses journées à regarder par la fenêtre et pense avoir beaucoup travaillé, les cadres du PS, élus ou conseillers, ne cessent de répéter « on bosse, on bosse, on ne fait que ça ! », sans que l'on ne perçoive bien ce qu'ils font… Après l'accord de la Nupes pour les législatives, le groupe socialiste au Palais Bourbon maintient ses troupes : une trentaine de députés, plus offensifs qu'à l'accoutumée. Boris Vallaud, travailleur parlementaire sérieux, prend la tête du groupe, Valérie Rabault, la vice-présidence de l'Assemblée. Deux porte-parole paritaires sont nommés. La presse est alimentée. La reconstruction est en marche.

Si du moins, pendant toutes ces années, ils s'étaient livrés à l'oisiveté. L'« *otium* », belle notion de l'Antiquité théorisée par Sénèque et reprise dans un ouvrage paru en 2020[1], qui consiste à laisser son esprit vaquer, à revendiquer l'ennui, la paresse ou le divertissement pour participer pleinement à la vie de la cité. Elle est intimement liée à la politique,

1. Jean-Miguel Pire, *Otium*, Actes Sud, 2020.

souvent créative et créatrice. Les bons travailleurs la connaissent bien, les fins politiques aussi. Ce sont les bières de Jacques Chirac qui le rapprochent des gens ou les balades au Champ-de-Mars de François Mitterrand, qui l'aident à penser et à prendre ses décisions. Jean-Luc Mélenchon s'en est directement inspiré. Lui qui appelle Tonton « le vieux » et qui dit souvent penser à lui, voire carrément l'invoquer au cours de méditations passagères, comme un Esprit porteur. Il n'est pas rare que le patron des Insoumis aille se promener sur les quais de Seine, au départ de l'Assemblée, direction l'est bien sûr, plus populaire que son opposé. Il embarque parfois l'un de ses fidèles, Adrien Quatennens ou Alexis Corbière. Ils vont jusqu'au Louvre ou au musée Carnavalet, admirer une œuvre ou observer de près les objets révolutionnaires. Ils parlent de stratégie et de littérature, souvent de science-fiction. Ça les inspire.

« Jean-Luc Mélenchon est un homme de congrès. Il a passé sa vie à faire ça. C'est un obscur apparatchik du PS et ce n'est pas un gros mot dans ma bouche[1] », relativise David Cormand, depuis un bistrot du 18e arrondissement de Paris. « Il a grenouillé comme un cochon pour avoir son poste de sénateur de l'Essonne[2], mais sinon, il a fait quoi ?

1. Entretien avec l'autrice, 28 février 2022.
2. 18 ans, entre 1986 et 2010.

Deux ans ministre délégué à l'Enseignement supérieur[1]. Son bilan d'action concrète d'une vie politique est là. C'est un mec qui parle. Ce n'est pas pour le déprécier, mais c'est la réalité. Il voulait gagner le congrès des congrès en reprenant le PS par l'extérieur. Il a réussi. » La charge est lourde, elle n'est pas totalement fausse. Après trente ans de vie politique au parti socialiste et trois campagnes présidentielles, Jean-Luc Mélenchon a réussi à manger le PS. C'était son objectif. Mais quant à celui de gagner la présidentielle… Il est raté.

Dans le catéchisme de l'Église catholique qui a intégré les sept péchés capitaux, le mot « paresse » recouvre une autre acception, qu'on oublie parfois. Le terme a disparu du langage courant, c'est dommage. « Paresse ou acédie », écrivent les textes religieux défendus par Thomas d'Aquin. L'acédie correspondait à la paresse spirituelle, qui pourrait être traduite aujourd'hui par « paresse intellectuelle ». À gauche, certains n'en ont pas manqué.

Lever son crayon…

Fin décembre 2014. Il est quatorze heures trente, dans ce bistrot de l'Assemblée nationale, rue de

1. De 2000 à 2002, dans le gouvernement Jospin.

Bourgogne à Paris. Nous sommes quelques journalistes autour de Christophe Borgel, député socialiste, qui décrypte pour nous l'actualité du moment. On lui parle des frondeurs qui mènent une opposition sans merci à François Hollande et ses lois. Il nous répond, l'œil grave et le menton penché sur sa tasse, avant d'avaler une gorgée de café, l'air inquiet : « Vous savez, François Hollande est plutôt préoccupé par le terrorisme là, il n'y a que ça qui l'intéresse en ce moment. » À ce moment précis, je lève mon crayon, persuadée qu'il fait de la langue de bois. Sacrée erreur. Deux semaines plus tard, en levant un autre crayon place de la République à Paris pour rendre hommage aux journalistes de Charlie Hebdo assassinés, j'aurai une pensée furtive pour Christophe Borgel et sur mon erreur journalistique du mois de décembre. Je ne l'ai pas cru. Il faut dire qu'ils nous ont souvent embobinés et qu'on ignorait tout des menaces qui pesaient sur la France. En tout cas dans les rubriques politiques.

François Hollande, Bernard Cazeneuve et Anne Hidalgo ont su gérer les attentats et préserver l'unité de la nation. C'est un fait incontestable et ce n'est pas rien. Mais ont-ils pensé à l'après ? Au passé ? Aux raisons qui ont poussé des Français à se retourner contre leurs compatriotes ? Au passé politique qui a pu conduire à de tels actes ? Je n'en suis pas sûre.

Quelques semaines après le 13 novembre 2015, je vois Gaspard Gantzer, conseiller en communication du Président Hollande, dans un café qu'on aime pour ses serveurs en kilt et son ambiance britannique, aux abords du palais de l'Élysée. Le « François Félix », rue Boissy d'Anglas. Souvent, on y boit des Spritz. L'ambiance est détendue et il parle beaucoup. C'est une chance pour une jeune journaliste comme moi de LCP. On s'entend bien. Il est malin. Il prend soin de décrypter. Ce jour-là nous ne parlons que des attentats. On est bouleversés, tristes, choqués, on ne comprend pas. Je lui demande avec insistance : « Qu'est-ce que vous allez faire pour les banlieues ? Comment en est-on arrivé là ? Ne manque-t-on pas de cours d'Histoire et de mixité sociale ? » Je répète mes questions, car il ne semble pas concerné par ce sujet. Je lui parle de politique de la Ville et d'intégration républicaine. Toujours pas. Vraisemblablement agacé par le sujet, il lâche, avec des yeux sombres que je n'oublierai jamais : « Mais y a rien à faire. Salah Abdeslam, il est belge ! » Je suis interloquée. Je ne comprends pas. Pour moi, belge ou français, ce n'est pas très éloigné. C'est presque la même chose. C'est européen. Le sujet, c'est la menace intérieure. Il ne le voit toujours pas. Le sujet, c'est que des Européens tuent des Européens, pas qu'ils soient belges ou français. Car des Français, il y en a aussi dans les commandos. « On était sous le choc, probablement le nez dans le guidon et on se concentrait sur la menace extérieure qui venait de Daech. Cela n'aurait pas dû nous empêcher de nous interroger sur nous-mêmes », concède au téléphone, début 2022, l'ancien conseiller élyséen.

Gabrielle Siry-Houari est porte-parole du PS depuis 2018. Quand je la retrouve près de Saint-Lazare, là où elle travaille, elle m'emmène dans une crêperie bruyante. Elle me raconte qu'elle a pris ce job à la Banque de France en janvier 2015. Je tique. Je me dis qu'elle va évoquer les attaques. Non. Je la laisse poursuivre et l'interroge sur ces événements fondateurs pour notre génération. C'est un marqueur. « Non, pas plus que ça », évacue-t-elle. Pressée de faire un commentaire, elle dira juste : « C'est la fin de l'insouciance. » Pas une réflexion politique sur ce qui a fracturé la France et qui est sans aucun doute à l'origine de beaucoup de nos maux actuels, même s'il faudrait remonter plus loin pour bien analyser les choses. Les attentats islamistes sont un impensé du parti socialiste. C'est une faute grave.

« Jaurès disait très bien que lorsque l'ouvrier n'a plus rien, la seule chose qui lui reste est la patrie », commente Pascal Perrineau, dans son nouveau bureau de Sciences Po. « Qu'est-ce qu'une nation dans un monde ouvert? Comment fait-on nation? Quelle est notre appartenance en tant que groupe?

Ces questions ne sont pas d'extrême droite. Le PS ne se les est pas posées », déplore le politologue un temps proche des idées du parti. « La gauche doit avoir une réponse à tout ça. Au lieu de quoi, elle se met à flotter sur tout. Sur la patrie, la nation, la laïcité… ça commence à faire beaucoup. Ils déconnent. Ils déconnent beaucoup. Ils déconnent vraiment. C'est dommage. »

Il farfouille dans ses affaires et me tend le baromètre annuel du Cevipof qu'il a contribué à lancer quand il dirigeait le Centre de recherches politiques de Sciences Po pendant vingt ans. « Vous voyez, en janvier 2022, seuls 25 % des Français se positionnent à gauche. » Sur le schéma, j'observe qu'ils sont 32 % à se positionner à droite et 11 % à l'extrême droite. Un total de 43 %. Quant au centre, ils sont 14 %, bien plus qu'auparavant, l'effet Macron. La droite, elle, est passée de 24 % à 32 % depuis 2016. Huit points de plus depuis les attentats de 2015. La chute de la gauche provient des attentats. Ils ne les ont pas analysés et n'ont proposé aucune réponse. Au lieu de quoi, ils s'enferment dans des polémiques sur le port du burkini dans les piscines municipales de Grenoble ou défendent jusqu'au bout un candidat accusé de violences sexuelles, au prétexte qu'il est victime de racisme. Le cas Taha Bouhafs est l'exemple même de la gêne aux entournures de la France insoumise sur les questions d'identité. Ce jeune de vingt-cinq ans, un temps investi dans le Rhône aux législatives de

2022 par La France insoumise, jette l'éponge en mai lorsqu'il est accusé en interne de violences sexuelles. Celui qui a filmé Alexandre Benalla déguisé en policier place de la Contrescarpe, dans une affaire révélée par *Le Monde*, avait été condamné en première instance pour avoir traité une syndicaliste de police d'« arabe de service » et s'est illustré pour ses propos violents sur les réseaux sociaux. Au motif qu'il est issu de quartiers populaires, on lui passe tout. Ce n'est ni lui rendre service, ni en rendre au mouvement, encore moins à l'électeur de gauche déboussolé. Il faut reprendre tout depuis le début. Partir du principe qu'un dérapage n'est pas acceptable, même s'il est commis par un jeune de banlieue. Se professionnaliser. Former des troupes. Se structurer et travailler.

Dans son programme, Anne Hidalgo évoque rapidement la mixité sociale. Elle aimerait la mettre en place au niveau du département, ce qui est bien étonnant concernant la Seine-Saint-Denis, le plus pauvre de France qui en manque cruellement. On se demande comment elle fera de la mixité sociale dans un département qui en est dépourvu. Elle assure qu'elle mettra fin aux « collèges-ghettos ». On se demande encore comment. On se demande surtout pourquoi elle n'en parle pas à la télé. Sinon, comme tout le monde, elle veut renforcer les services de renseignements. Peu d'autres moyens de prévention sont développés. Pas plus qu'une pensée structurante sur l'intégration républicaine. On est proche du néant.

Les écolos aussi parlent de mixité sociale dans leur programme de 2022. Ils prévoient de réformer la carte scolaire. On n'en saura pas plus. Yannick Jadot n'en parle pas dans les médias. « C'est un programme, quoi. Il n'y a rien de révolutionnaire. » Quand je lui demande de me décrire le projet des écolos à la présidentielle qui n'est pas encore sorti, Noël Mamère n'a pas l'air emballé. « Le cannabis, j'en parlais déjà en 2002 ! », se vante-t-il en rappelant son dernier meeting au Cirque d'Hiver où il était apparu sur la scène, un immense joint d'un mètre à côté de lui. « Là, c'était transgressif », sourit-il[1]. Alors que même Éric Zemmour envisage la possibilité de le dépénaliser, que le maire LR Arnaud Robinet en fait l'expérience dans sa ville de Reims, le sujet n'a plus rien de nouveau, ni d'étonnant. Qu'il soit dans le programme, forcément, que le candidat y passe trop de temps, certainement pas. C'est l'un des seuls déplacements qu'on retient de la campagne Jadot. Angers, dans une ferme qui produit du CBD. *Libé* immortalise le géant vert face à des plants de cannabis. On dirait un candidat aux municipales. Comme lorsqu'il affiche ses New Balance défoncées violettes pendant toute

1. Entretien avec l'autrice, 17 janvier 2022.

la primaire de septembre : ça ne fait pas sérieux. Depuis, il se résout à porter une cravate, mais ça fait revirement. Pas du tout naturel. Il y aurait bien un entre-deux entre les baskets violettes et la cravate, mais là encore, ce n'est pas pensé. On évacue la stratégie, on se lance à corps perdu dans une élection trop grande. On n'a pas le costume. On ne réfléchit plus. Derrière, c'est l'électeur qui est déçu.

Cravates et sarouels

La cravate, parlons-en. Les Insoumis en ont fait un marqueur en arrivant au Parlement en 2017. Ils revendiquent le droit de ne pas en porter, faisant voler en éclat la tradition jusqu'ici observée. Ils ont subi les railleries planquées de leurs collègues socialistes. « Ce n'est pas sérieux. La cravate, c'est une marque de respect. Quand on les voit sur les marchés en sarouel, tout comme les écolos d'ailleurs, on sait qu'ils ne pourront jamais remporter un exécutif local, ce sont des babas cool[1] », se moque un assistant parlementaire socialiste. « Ce qui est intéressant, c'est de politiser la chose, au contraire », défend Clémentine Autain qui revendique le fait de représenter le peuple en lui ressemblant. Une nuance avec ses collègues communistes. « Historiquement, l'ouvrier, il allait manifester

1. Entretien avec l'autrice,14 janvier 2022.

en costume, rappelle la députée PCF Elsa Faucillon, chez nous, les cocos, on tient à cette idée. Car pour représenter le peuple, on le représente bien[1]. » Sous ces apparences, se cachent des cultures politiques différentes entre toutes les composantes de la gauche. « Ah ça, faire les kékoss sur BFMTV ou Twitter, ils savent faire. Mais quand il s'agit d'installer des élus locaux et de faire des politiques concrètes, il n'y a plus personne », critique le collaborateur socialiste, qui assure que lorsque les trois groupes de gauche se sont opposés en 2019 à la privatisation d'Aéroports de Paris à l'Assemblée, c'est grâce au PS que le texte est passé. « Tous leurs amendements étaient écrits avec les pieds, ils étaient jugés irrecevables », se vante l'un des artisans socialistes. « Oh bien sûr ! C'est faux », répond à distance Clémentine Autain, avant d'admettre que « les socialistes ont des expériences technocratiques, comme LFI a des savoir-faire que n'a plus le PCF et inversement ». « On devrait tous s'enrichir les uns les autres plutôt que de s'envoyer ce genre de choses à la figure », ajoute-t-elle, lasse. Un constat partagé par le collaborateur socialiste : « Oui, il faut que chacun reconnaisse les compétences des autres : les écolos étaient en avance, la radicalité insoumise s'impose dans le débat et nous, on connaît la technicité, les administrations et les arcanes du pouvoir. »

1. Entretien avec l'autrice, 15 février 2022.

Les prémices de la Nupes étaient posées. La conscience que chacun dans son couloir ne pouvait y arriver. Aux législatives 2022, la gauche donne l'impression de ressusciter en doublant largement son score de députés, d'une soixantaine à près de cent cinquante. Mais les résultats du second tour, 31,6 % pour la Nupes contre 38,57 % pour Ensemble ! la coalition d'Emmanuel Macron, ne permet pas de l'emporter. L'accord est tardif. Les électeurs, pas assez convaincus. Pire, le Rassemblement national envoie pour la première fois de son histoire, sans proportionnelle, 89 députés au Palais Bourbon. Premier groupe d'opposition. Un choc. Les électeurs à aller convaincre sont en partie là. Et la présidentielle reste l'élection reine à remporter sous la Ve République si l'on veut peser.

Le 6 février 2022, à deux mois du premier tour de la présidentielle, un sondage Ifop paru dans le *JDD* envisage le total des voix remportées à gauche à 25,5 %. « Un plancher sous la Ve République », observe Frédéric Dabi, directeur de l'institut. Il rappelle ensuite qu'en 2002, ce même total s'élevait tout de même à 32,5 %. À ce moment-là, personne à gauche ne fait l'effort de tendre la main à l'autre. Par paresse, mais surtout par orgueil, vis-à-vis de leurs partenaires qu'ils ont alors, chacun dans leur couloir, sous-estimés.

L'ORGUEIL

Orgueil : sentiment exagéré de sa propre valeur. Estime excessive de soi-même, qui porte à se mettre au-dessus des autres[1].

1. Larousse.

1999. L'avion de la République qui s'envole pour Lisbonne est à l'image de la cohabitation. Jacques Chirac et Catherine Trautmann, la ministre socialiste de la Culture de Lionel Jospin, sont du voyage. Les conseillers, à l'arrière. L'un d'eux, la trentaine, chemise bien repassée, est assis au fond de l'avion. Il a eu d'autres vies avant de prendre ce job, dont une gagnée au poker à Manosque où il croise des voyous et se soucie peu de politique. C'était il y a longtemps. Depuis, il s'est marié, il s'est rangé. Il travaille pour le gouvernement et il potasse ses dossiers. Soudain, à la surprise générale, il voit débouler à l'arrière de l'avion Jacques Chirac, tout sourire, jovial, qui fonce vers lui, main tendue.

« Bonjour !

– Euh, je suis Christophe Castaner, chef de cabinet de Catherine Trautmann, bredouille le jeune homme.

– Ah c'est super ça ! Je connais plein de chefs de cabinets qui sont devenus ministres… Vous faites de la politique ?

– Oui, murmure celui qui sera élu maire de Forcalquier deux ans plus tard, en 2001.

– Bon, bah, bon courage. »

Les yeux de Christophe Castaner brillent encore quand il raconte cette anecdote. Pas quand il se souvient du Premier ministre socialiste de l'époque : « Jospin, lui, restait à l'avant des avions. Pas un mot, pas un sourire. »

Le soir même, un grand dîner d'État est donné au Palais de Belém, résidence historique des présidents portugais. Christophe Castaner a revêtu son costume sombre et pénètre dans l'enceinte au son de l'aboyeur qui l'appelle « Senhor Castaner ». Ça sonne bien. Il apprécie. Il s'approche à bas bruit vers le président portugais pour le saluer, quand Chirac, posté juste à côté de son hôte, s'écrie, coupant le protocole d'un ton fort et enjoué : « Ben alors, Castaner, toujours pas ministre ? » Il éclate de rire. « Casta » ne l'oubliera jamais.

Quand il nous reçoit ce 26 janvier 2022 dans son grand bureau du Palais Bourbon, avec terrasse, il est effectivement devenu ministre et préside le groupe majoritaire à l'Assemblée. Il conserve une terrible image de Lionel Jospin. Il ne le trouve ni chaleureux ni partageur et clairement orgueilleux. Il se rappelle un autre voyage, à Québec cette fois, où le cortège qui arrive à l'hôtel

« se scinde en deux pour laisser Jospin arriver seul ». « Hubert Védrine, Catherine Trautmann et moi, nous nous retrouvons dans les embouteillages. Nous sommes arrivés bien après, par l'arrière. Nous avons trouvé les clés de nos chambres dans des enveloppes. » L'image d'un Jospin seul, en majesté, lui est restée.

Le 21 avril 2002, Christophe Castaner tient un bureau de vote à Forcalquier. « Dès la semaine précédente, Gérard Le Gall, conseiller opinion à Matignon, voit arriver la catastrophe. Averti des mauvais sondages, Jospin aurait dû alerter les électeurs, à quelques jours du scrutin, pour appeler au vote utile derrière son nom. Mais par cohérence avec sa campagne, il théorise qu'on ne peut pas se montrer faible à trois jours de l'élection. Or, si on avait prévenu les électeurs de gauche du risque que Le Pen soit au second tour, beaucoup se seraient dit "non, ce n'est pas possible". Beaucoup de gens autour de moi n'auraient pas voté Taubira ou Besancenot, mais Jospin. Et il gagnait. Mais Jospin manquait beaucoup d'humilité, c'est terrible. »

Au soir de 2002, le choc est tel que Lionel Jospin annonce immédiatement son retrait de la vie politique. Beaucoup saluent un acte d'une « grande dignité », d'autres y voient… le péché d'orgueil. Selon eux, Lionel Jospin aurait dû prendre le temps de la réflexion, au lieu de se « vexer ». Sa tentative de retour en 2007 en serait la preuve. « Vous avez déjà vu une armée défaite repartir au combat avec à sa tête un général battu ? » s'est pourtant expliqué l'ancien Premier ministre, en 2006, face aux militants de l'université d'été de La Rochelle. « Si je prenais sur moi symboliquement, physiquement et tristement le choc de la défaite, alors vos chances en étaient augmentées pour la bataille des législatives[1] », confesse-t-il, quatre ans après la défaite. Après le 21 avril, Lionel Jospin met cinq jours à demander à ses électeurs, par communiqué, d'« exprimer par leur vote leur refus de l'extrême droite », sans même prononcer le nom de Jacques Chirac... Quinze ans plus tard, son ministre de 2002, Jean-Luc Mélenchon, devenu candidat à la présidentielle, hérite des mêmes hésitations en ne donnant pas de consigne de vote claire entre Emmanuel Macron et Marine Le Pen en 2017.

Cela lui est reproché par ses alliés potentiels de gauche, mais aussi par la droite. À l'Assemblée nationale, quelques semaines après la présidentielle de 2017, Thierry Solère, député LR, raconte une altercation avec le président du groupe des Insoumis. « Tu es un républicain, on n'a pas

1. Philippe Martinet et Dominique de Montvalon, « Et soudain, Lionel », *Le Parisien*, 27 août 2006.

compris que tu n'appelles pas à voter Macron contre l'extrême droite. » Mélenchon aurait rougi de rage. « Heureusement que je fais cent vingt kilos, sinon il me tapait dessus », sourit celui qui est devenu conseiller politique d'Emmanuel Macron, quand il raconte l'anecdote. Jean-Luc Mélenchon n'a aucun souvenir de cet épisode et préfère mettre en avant « les moments de complicité » qu'ils ont ensemble à propos de leurs démêlés judiciaires.

En 2022, vexé des critiques qui lui ont été faites cinq ans plus tôt, Jean-Luc Mélenchon répète, quatre fois et sur tous les tons, devant ses troupes, au soir du premier tour : « Pas une voix pour Marine Le Pen. » « Il moque le front républicain », se désespère l'un de ses anciens proches. L'orgueil, au lieu de la gravité du moment ? Ou plutôt le simple enseignement tiré d'une erreur.

La tête dans le sable

Longtemps, Lionel Jospin ne m'a pas paru orgueilleux. Au contraire, dans mon imaginaire historico-politique, je le voyais plutôt comme discret, travailleur. Or, « trop d'humilité est demi-orgueil » dit le proverbe yiddish. En effet, les archives de l'époque sont formelles.

Dans la presse, le mot « orgueil » est lâché. En titre, même, dans *Le Monde*, sous la plume d'Ariane Chemin, le 5 mai 2002[1] : « Le combat manqué de Lionel Jospin, victime d'un "accident" politique et du péché d'orgueil ». Quelques jours après le séisme du 21 avril, on en cherche désespérément les raisons. L'inversion du calendrier électoral, qui place les législatives après la présidentielle lors du référendum sur le quinquennat de l'an 2000, en est une. François Hollande, souffle « l'orgueil », pour expliquer le choix de Lionel Jospin, adopté par référendum. Ce qui est absent de l'analyse, c'est l'abstention record lors de ce vote. 70 % des Français ne se déplacent pas, une première sous la Vᵉ République et 16 % votent blanc. Un camouflet qui aurait dû être entendu. « À l'époque, je suis une simple militante du PS, mais je n'ai jamais raté un vote. Là, je suis en week-end avec des copains et je n'y vais pas[2] », se souvient Sophie Taillé-Polian, ancienne sénatrice devenue députée en 2022, écologiste depuis 2020, toute sa vie au PS auparavant. « On parlait surtout du quinquennat, et ça nous allait très bien. On ne mesure pas combien l'inversion du calendrier est un piège qui va nous

1. Ariane Chemin, « Le combat manqué de Lionel Jospin, victime d'un "accident" politique et du péché d'orgueil », *Le Monde*, 5 mai 2002.

2. Entretien avec l'autrice, 7 février 2022.

lier les mains. » Ce qui l'étonne, surtout, après le 21 avril, c'est que son parti « met la tête dans le sable » et ne propose « aucune remise en question ». « J'ai beaucoup râlé en interne parce que l'analyse de la défaite n'a pas été faite. » Les similitudes avec l'échec de Benoît Hamon ou l'impossibilité pour François Hollande de se représenter me sautent à l'esprit. « De 2002, de 2017, nous n'avons tiré aucune leçon », se désespèrent plusieurs pontes du parti socialiste. Refuser de se remettre en question : c'est là que débute le péché d'orgueil.

Dans un entretien au *JDD* en 2016, Jean Glavany, directeur de campagne de Lionel Jospin en 2002, confie n'avoir jamais reparlé de cet échec avec lui. Quinze ans plus tard, comment est-ce possible ? N'y a-t-il pas un enseignement à tirer ou du moins des souvenirs, même mauvais, à partager ? « On préfère parler des sujets sympas », répond-il à l'hebdomadaire. Étonnant. Christophe Castaner se souvient qu'aux réunions organisées avec les très proches de Lionel Jospin pendant sa campagne, personne n'osait rien lui dire. « Juste avant qu'il nous rejoigne, Olivier Schrameck, son directeur de cabinet, et Manuel Valls, conseiller à Matignon, se disaient par exemple : "Il ne faut surtout pas qu'il aille au conseil national du PS samedi." Quand Jospin arrive, il annonce qu'il s'y rendra. Et personne ne le contredit. » Un phénomène de cour qui préfère flatter le reflet plutôt que de souligner les défauts.

C'est le deuxième effet boomerang de l'orgueil : le refus de reconnaître sa responsabilité. À trop admirer son image, Narcisse ne voit pas qu'il est malheureux. « À tout prendre, c'est peut-être moins grave d'être éliminé au premier tour qu'au second. Ça signifie que ça ne dépend pas seulement de soi. Ça vous échappe[1] », déclare, quelques jours après sa chute, le candidat défait qui s'est toujours vanté de ne pas avoir eu besoin de psychanalyse. Le traumatisme est peut-être encore trop frais. À l'université d'été de La Rochelle, en 2006, Jospin ne peut retenir quelques larmes. *Le Parisien* parle alors d'un « moment historique[2] ». Le socialiste admet plusieurs « erreurs » et parle d'une « épreuve cruelle, soudaine, inattendue ». Rare moment de vérité. Quatre ans après, face caméra, des explications sont de nouveau requises. En 2010, Patrick Rotman fait longuement parler Lionel Jospin dans son documentaire *Lionel raconte Jospin*[3]. Il faut attendre la toute fin du film pour entendre Jospin concéder,

1. Raphaëlle Bacqué, « La vie rêvée de Lionel Jospin », *Le Monde*, 4 décembre 2002.
2. Philippe Martinet et Dominique de Montvalon, « Et soudain, Lionel », *Le Parisien*, 27 août 2006.
3. Tiré du livre *Lionel raconte Jospin. Entretiens avec Pierre Favier et Patrick Rotman*, Lionel Jospin, 2010.

du bout des lèvres : « J'ai surestimé la perception positive des Français sur notre bilan. Par contre, j'ai sous-estimé l'impact qu'aurait la division de la gauche, et donc le risque du premier tour. Si bien que ma campagne n'a pas été assez offensive. Mais quand votre camp se dérobe, tire à hue et à dia, il est difficile d'être bon. Par définition, ma responsabilité est entière. » C'est lâché. « Ma fidélité n'empêche pas la lucidité. Lionel est quelqu'un de très orgueilleux », résume son ami Jean Glavany, vingt ans plus tard.

Que dire alors des autres candidats de gauche présents au premier tour, co-responsables de la défaite de 2002 ? En 2022, ils ne semblent pas éprouver de regrets. L'extrême droite, qui était une surprise en 2002, a doublé son score en 2022, à mesure que celui de la gauche a rétréci. « Ce n'est pas à moi qu'il faut demander des explications. Depuis René Dumont en 1974, il y a toujours eu des candidats verts », évacue d'emblée Noël Mamère, très sûr de lui, quand on l'interroge à l'hiver 2022. « Il faut demander à Christiane Taubira et à Jean-Pierre Chevènement, vous voyez bien que l'histoire se répète. » Christiane Taubira, l'une des candidates de 2002, est revenue dans le jeu en janvier 2022. Elle est candidate à la présidentielle par un processus citoyen dit de « la primaire populaire » pour tenter de faire l'union à gauche. C'est un échec, elle renonce quelques semaines plus tard, le 2 mars 2022. L'imaginaire collectif a retenu ces deux-là comme les responsables de la défaite de Lionel Jospin. Mais les autres ? Bêtement, je pensais que Noël Mamère allait être désolé. Non. Pas la moindre autocritique. Il sourit. Il faut dire qu'il sourit tout le temps.

Dans l'un de ses cafés préférés, près de la place de la République à Paris, il raconte « son » 21 avril avec une pointe d'émotion, un peu d'autosatisfaction, mais peu d'amertume. Il se rend place de la Bastille, le soir du premier tour, pour protester contre la qualification de Jean-Marie Le Pen. « La place est noire de jeunes. Ils m'applaudissent parce que j'ai fait le meilleur score chez les 18-24 ans ! » Rappelons qu'il a obtenu 5,25 % des voix, soit 1,5 million de voix. Certes, c'est le meilleur score des écologistes à une présidentielle, mais cette réaction me semble en décalage avec le choc subi par la gauche et le pays dans son ensemble. Il poursuit : « Il y a un mélange de grande satisfaction politique et de grande inquiétude. C'est tragi-comique, enfin, ce n'est pas le bon mot. Lors de mon dernier meeting au Cirque d'Hiver, j'avoue, j'ai lancé aux militants : "Ne croyez pas à la menace Le Pen, ils vous racontent n'importe quoi." On ne l'a pas vu venir. Je ne m'en veux pas d'avoir été candidat, ce n'est pas à cause de moi, c'est un faisceau de raisons politiques. »

Alors tournons-nous vers Jean-Pierre Chevènement. Pas simple de reconnaître un échec. En septembre 2002, quatre mois après l'élection, il réunit ses troupes à Chaville, en région parisienne. Il tente l'autopersuasion : « Même si je n'avais pas été candidat, Lionel Jospin aurait perdu l'élection. » La politique-fiction pour éviter de se regarder le nombril… quand il n'est pas beau à voir. Il lui faudra neuf années de plus qu'à Lionel Jospin pour qu'il confesse, malgré tout, « une erreur ». Poussé dans ses retranchements à l'occasion d'un documentaire sur LCP en 2019, le souverainiste admet : « Je ne l'ai pas vu venir. C'est une erreur. S'il faut la confesser, je la confesse puisque vous voulez me pousser à la confession[1]. » Le format a dû aider, le film lui est entièrement consacré.

« Il n'y a pas eu chez moi, il n'y a pas, il n'y aura pas une once de regret », répond Christiane Taubira le 1er juillet 2002 au *Parisien*[2], qui l'interroge sur sa candidature au premier tour, quelques semaines après l'échec de Lionel Jospin et le sien. L'ancienne candidate du parti radical de gauche a au moins tenu sa promesse. En 2020, dans un long

1. Émilie Lançon, « Jean-Pierre Chevènement l'indomptable », LCP, 2019.
2. « Je n'ai pas une once de regret », *Le Parisien*, 1er juillet 2002, propos recueillis par Didier Micoine.

entretien à la revue *Zadig*, elle affirme : « Pour moi ne viendra jamais l'heure des excuses. » « S'il fallait recommencer, je recommencerais – différemment, pour qu'on entende mieux ma voix. » En 2010, elle avait déjà ouvert la voie à ce demi-regret. Piquée au vif par le livre et le documentaire confession de Lionel Jospin qui pointent sa part de responsabilité et ses 2,32 %, elle rétorque, dans les colonnes de *Mediapart* : « C'est peut-être facile de le dire neuf ans après, mais si on m'avait dit qu'il y avait un risque, si on avait discuté et si on m'avait convaincue, j'aurais pu me retirer non pas pour rentrer chez moi, mais pour faire une campagne active aux côtés de Jospin[1]. » Quand même.

« J'ai voté Robert Hue en 2002. » Le souvenir n'a pas l'air traumatisant. Clémentine Autain, qui était dans un bureau de vote du 17e arrondissement de Paris ce soir-là, n'a pas le moral dans les chaussettes quand elle repense à ce « séisme ». « Non, je ne me dis pas que j'ai déconné. Nous, on était très critiques sur Lionel Jospin. Avec Act up notamment, on a même organisé la marche “Nous sommes la gauche”, le 6 mai 1997, contre le gouvernement », rapporte celle qui était alors adjointe communiste de Bertrand Delanoë à la mairie de Paris. « C'est

1. Stéphane Alliès, « 21 avril 2002 : Christiane Taubira rectifie la Jospinie », *Mediapart*, 12 janvier 2010.

sûr qu'avec le recul, on se dit que ce n'étaient pas si mal les emplois-jeunes, la CMU et les 35 heures, mais à l'époque on pensait surtout que ce n'étaient vraiment pas assez. On voulait les 32 heures, on trouvait la loi Aubry trop libérale. Le PS avait déjà commencé sa mue libérale-réaliste et on n'en voulait pas. »

Où sont les traumatisés du 21 avril ? Je ne les vois pas parmi ceux qui l'ont vécu de près. Dans ma génération, en revanche, ils sont nombreux. Depuis 2002, ils intègrent, élection après élection, « le vote utile » comme élément de leur réflexion électorale, à leur corps défendant.

Dès le IVe siècle avant Jésus-Christ, le philosophe grec Théophraste, élève d'Aristote, met ainsi en garde contre le péché d'orgueil : « Il faut définir l'orgueil : une passion qui fait que de tout ce qui est au monde l'on n'estime que soi. » Gare aux œillères qui empêchent de voir la réalité, conseille l'auteur des *Caractères* qui inspirera ceux de Jean de La Bruyère. Qu'auraient-ils pensé tous deux d'Anne Hidalgo ? Sans doute auraient-ils peint son déni et son obstination. C'est ainsi que pourrait se résumer sa candidature à la présidentielle de 2022. Avec 1,75 % des voix au premier tour, la maire de Paris offre au parti socialiste le pire score de son histoire.

Il faut dire que sa candidature a bien mal commencé. « Serez-vous candidate à l'élection présidentielle 2022 ? », lui demande un journaliste de *Quotidien* en juin 2020. Elle est en pleine campagne des municipales à Paris, les électeurs veulent savoir si elle les quittera un an plus tard. « Surtout pas. Je considère qu'il y a un endroit où on peut agir, c'est celui des villes. Vous pouvez archiver, vous verrez, je suis quelqu'un de très clair. » Le mensonge pour commencer une campagne ? Péché originel. Les électeurs socialistes sont déjà traumatisés par celui de François Hollande à propos de son ennemie, la finance, en 2012, ils ne sont plus très en confiance quand un socialiste s'exprime à la télévision, mais là, c'est trop gros. À l'heure des réseaux sociaux et des archives qui ressurgissent, ça ne passe plus.

Deux mois après sa réélection dans un fauteuil à la mairie de Paris, on attend encore beaucoup d'elle. L'état de la ville est vivement critiqué, même par ceux qui ont voté pour elle. Elle doit accueillir les Jeux olympiques de 2024 et elle a encore des choses à prouver. Anne Hidalgo a fait cette promesse digne du meeting du Bourget de son potentiel prédécesseur, mais la maire décide quand même de se lancer. L'idée de se présenter à l'élection présidentielle lui vient un soir d'été, dans la capitale du Portugal. Ne jamais s'exprimer sur la politique nationale depuis un pays étranger, recommande l'adage des présidents. On pourrait ajouter : ne jamais prendre de décision nationale depuis un pays étranger.

Ambiance bougie parfumée

23 août 2020. Jour de la finale de la Ligue des Champions. Le Bayern de Munich affronte le PSG. Le match se tient à huis clos, Covid oblige, mais la maire de Paris a fait le déplacement à Lisbonne pour soutenir son équipe. Hidalgo dîne alors en tête à tête avec le Premier ministre portugais, Antonio Costa. Lequel lui aurait alors lancé : « Tu n'as plus le choix, tu dois être candidate. Fais ce qu'on a tous fait et pars des territoires. » Un conseil de la part des sociaux-démocrates européens qui, eux, se portent mieux qu'en France. « J'endosse ce rôle-là et ça me paraît normal », se souvient Anne Hidalgo début 2022. Ce 1er février, elle est entourée de journalistes, dans une alcôve d'une brasserie parisienne rue Cambon, à deux pas de chez Chanel. Elle est très élégante, bottes impeccables, robe en piqué bleu marine, maquillée et souriante. Sa situation politique est catastrophique. Dans les bons jours, elle est sondée à 3 %. Le candidat communiste Fabien Roussel est en passe de la dépasser. Elle vient de perdre la primaire populaire en arrivant à la cinquième place derrière Christiane Taubira, Yannick Jadot, Jean-Luc Mélenchon et

même l'économiste peu connu du grand public Pierre Larrouturou. Le scrutin est contesté, moqué, seule Christiane Taubira a souhaité y participer, les autres sont inscrits d'office. Mais 400 000 électeurs de gauche ont exprimé une idée claire : ils n'ont pas du tout envie d'Anne Hidalgo comme candidate. On essaie d'obtenir une réaction. « Il n'y a aucun problème », sourit-elle. Elle ne veut pas répondre aux questions politiques. C'est dommage du coup, pour un déjeuner politique… Elle part dans de grandes envolées sur la social-démocratie au pouvoir en Allemagne, au Portugal, en Espagne. Elle refuse de parler du bilan de François Hollande qui la handicape sans doute un peu. « Ce qui m'intéresse, c'est le bilan d'Emmanuel Macron. » Elle ne remet pas en question son bilan parisien ; elle en fait une force. « Mon bilan est excellent. Ça joue en ma faveur, sinon je ne serais pas là. J'ai été largement réélue. Ce n'est pas un sujet. Mon bilan a été validé par les Parisiennes et les Parisiens et il est reconnu un peu partout. Ouiii, je vais très bien. » On est estomaqués. Elle le pense donc vraiment ? Je note plusieurs fois le mot « déni » que j'entoure grassement sur mon carnet.

Elle commande un lieu jaune, un thé vert et poursuit : « Je me suis lancée en connaissant le contexte, je suis lucide. Je sais que le PS n'est pas dans son heure de gloire. Ce que craignent nos opposants, c'est une gauche sociale, démocrate et capable de gouverner. On est au centre de toutes les attaques. » Nouvelle double dimension. Elle n'est pas du tout au centre des attaques, le pire qui puisse arriver en politique est l'indifférence. C'est exactement ce qui se passe en ce moment à propos de sa candidature. Le débat public l'ignore. « On ne tire pas sur une ambulance » est le petit refrain qui résonne avant chaque plateau télé quand il s'agit de commenter la candidature Hidalgo. Ça fait six mois que ça dure. Avant l'antenne, les sourires sont gênés, personne n'ose l'accabler. On rigole un peu sous cape. Même la droite en vient à s'attendrir : « On aimait bien gouverner avec le PS quand même », lancent certains ténors attristés par la situation de leur opposant historique. On finit le déjeuner avec des cafés gourmands. Anne Hidalgo reste au thé vert. On lui demande en substance : mais qu'est-ce que vous êtes allée faire dans cette galère? « C'est le rôle du leader. J'en ai la force. Si j'y suis allée, c'est que je savais que j'avais ce rôle de leader. » À la sortie, un collègue ironise sur cette « ambiance bougie parfumée ». C'est exactement ça.

Les autres candidats de gauche à la présidentielle 2022 aussi ont eu une image déformée de leur capacité, comme « La grenouille qui veut se faire aussi grosse que le bœuf », la fable de Jean de La Fontaine. « La chétive pécore, S'enfla si bien qu'elle creva. » Ces vers ne sont pourtant pas nouveaux. Ils datent de 1668... Trois cent cinquante ans plus tard, la Fondation Jean-Jaurès semble bien seule à avoir retenu la leçon. L'un des derniers *think tank* de gauche du pays, dont les idées sont consultables gratuitement sur son site Internet, aurait sans doute mérité un peu d'attention. Surtout cette note, facilement repérable : « Quel avenir pour la gauche[1] ? » Comment passer à côté ? Les auteurs ne sont autres que le directeur international des études politiques de l'institut Kantar, Emmanuel Rivière, et la politologue associée à la Fondation Jean-Jaurès, Chloé Morin. Ils préviennent : « 12 % des Français et 28 % des sympathisants de gauche jugent que la gauche a de bons dirigeants. » Par correction, ils n'écrivent pas l'envers de ce constat, mais on peut aisément le calculer à leur place : 88 % des Français jugent que la gauche a de mauvais dirigeants et 72 % des sympathisants de gauche pensent la même chose. Vu ainsi, ça fait mal. Surtout qu'ils n'ont pas sorti ce bijou d'analyse à la dernière minute. Non, la note date de... 2018. Un an après la défaite de 2017, cela laissait un peu de temps pour s'organiser.

Jean-Luc Mélenchon, lui, trahit souvent son péché d'orgueil avec les sondages. Quand ils sont

1. Chloé Morin, Emmanuel Rivière, « Quel avenir pour la gauche ? », 28 avril 2018.

bons, il y voit la preuve qu'il est le mieux placé à gauche ; quand ils sont mauvais, il les accuse d'être partiaux. Une réalité à sa façon. Les instituts seraient déconnectés, mal renseignés, soumis au grand capital et surtout commettraient une erreur majeure en ne prenant pas en compte le vote des abstentionnistes. Et pour cause. Les sondages ont toujours été une photographie à l'instant précis des intentions de vote. Rien de plus, rien de moins. S'ils prenaient en compte le vote des abstentionnistes, on leur tomberait dessus en disant qu'ils n'ont pas vu venir l'abstention !

La stratégie est assumée chez La France insoumise. « Quand ils sont bons, on les relaie et quand ils sont mauvais, on ne les relaie pas[1] », convient Manuel Bombard, directeur de campagne de Jean-Luc Mélenchon. Je tombe de l'armoire. Moi qui pensais qu'ils étaient sincères quand ils insistaient sur les biais des enquêtes d'opinion. Pas du tout. « C'est une stratégie de conquête que j'assume. Si je peux l'assumer, c'est aussi qu'il y a des éléments objectifs sur lesquels je m'appuie. En somme, c'est à la fois une critique scientifique et une bataille idéologique », s'explique le trentenaire. Ça dépend donc des jours… et des sondages. Au risque de prendre les gens pour des idiots, péché de vanité ? Ou d'installer un rapport étrange à la vérité. « Les instituts

1. Entretien avec l'autrice, 28 février 2022.

de sondages n'ont pas bonne presse », se rassure mon interlocuteur. Manuel Bompard est calme et posé. Mais le vice se cache dans les détails du péché capital. L'orgueil rend vulnérable et l'impulsivité n'est jamais loin à la moindre contrariété. Jean-Luc Mélenchon en a fait l'amère expérience, un matin du mois de janvier 2022. *Le Monde*, qui n'est pas un consommateur effréné d'enquêtes d'opinions, a choisi de n'en publier qu'une par mois, mais solide. En partenariat avec l'un des instituts de sondages de référence, Ipsos-Sopra-Steria – celui qui donne les résultats des élections avec l'Ifop – le tout, pour prendre encore plus de précautions, avec le Cevipof en partenaire. Le centre de recherches politiques de Sciences Po, dont c'est la spécialité, permet de ratisser plus de sondés. Sur trois jours, ils ont consulté 7 910 personnes[1]. Habituellement, c'est un millier en une journée ou deux. Cette fois, Jean-Luc Mélenchon ne prend pas le temps de vérifier les petits caractères qui expliquent la méthode. Il ne voit que son score : 8 %, la cinquième place… Il sort son téléphone et tweete. Comme dans la série *Baron noir*. Impulsif. Orgueilleux. Il n'aime pas se voir à terre, même si ses œillères l'empêchent de considérer qu'il est tout de même premier à gauche dans

1. Abel Mestre, « Présidentielle 2022 : Entre Marine Le Pen et Valérie Pécresse, l'enjeu de la deuxième place », *Le Monde*, 22 janvier 2022.

cette enquête. « Sondage pour *Le Monde* : donne dix points d'avance à #Macron. Cloue LFI à 8 %. À rebours de tous les autres instituts. Mais les autres n'ont pas le beau-fils du Président comme directeur des "études". » De qui parle-t-il ? Ah ! De Sébastien Auzière, le fils de Brigitte Macron. Le « beau-fils du Président », comme il le dit, est bien statisticien, c'est son droit. Mais il s'occupe d'études de marché dans le domaine de la santé chez Kantar, un autre institut de sondage, bien distinct de celui-ci. Caramba ! Encore raté. Il a effacé son tweet. De là à penser qu'il n'a pas lu la note d'Emmanuel Rivière citée plus haut parce qu'il dirige les études politiques de Kantar…

Ce 23 avril 2017, plusieurs centaines de journalistes sont réunis dans une auberge de jeunesse du 10e arrondissement de Paris, avec les militants insoumis qui ont pu rentrer. Les autres attendent dehors. Le hall industriel du « St Christopher's Inn », qui ressemble plus à un hôtel, est rempli de caméras. C'est soir d'élection. Jean-Luc Mélenchon a fait une très bonne campagne, à coups d'hologramme et de dépassement des étiquettes. La presse internationale a fait le déplacement. Les résultats du premier tour de la présidentielle sont tombés depuis près de deux heures. Emmanuel Macron et Marine Le Pen sont qualifiés au second tour, toute la France est au courant. Mais le candidat insoumis n'apparaît pas à son QG, réservé pour l'occasion. Tout le monde l'attend. On ne parle que de ça. Où est-il ? Que fait-il ? Il a pourtant quasiment doublé son score, par rapport à 2012, passant de 11 % à 19,58 % des voix. Un succès. Certes, il n'arrive que quatrième, mais peu de voix le séparent de François Fillon. Il est enfermé dans une chambre, visiblement atteint. Il finit par arriver, le visage presque plus sombre que celui de Benoît Hamon, qui n'a obtenu que 6 %. En trois minutes et cinquante-sept secondes, Mélenchon réussit l'exploit de « transformer une victoire en défaite », décrit l'un des artisans de la campagne, quelques années plus tard. « Médiacrates et autocrates jubilent », veut-il croire, devant son pupitre, reprenant un lexique antisystème plus ou moins mis de côté pendant la campagne, lui qui théorisait le « bruit et la fureur » en 2012 pour exister.

S'il a mis autant de temps à sortir de sa chambre, comme un enfant bougon, c'est qu'il ne croyait pas à sa défaite. Comme l'orgueilleux de Théophraste, qui pense qu'il n'y a rien au-dessus de lui-même, il espère encore un changement de score. Il veut attendre les résultats « officiels » du ministère de l'Intérieur le lendemain matin, dans un vain espoir que ceux-ci soient différents de ceux annoncés à 20 heures et jamais détrompés jusqu'alors. Une intervention que certains jugent à la limite du complotisme. Il perd sans doute des électeurs là-dessus, mais, comme Narcisse, il ne le voit pas, trop occupé à se regarder. « Lorsque les résultats officiels seront connus, nous les respecterons. Je ne saurais dire ni faire davantage à cette heure. Chacune, chacun d'entre vous sait quel est son devoir, dès lors je m'y range », poursuit-il, sans appeler directement à voter contre Marine Le Pen, ce qui convient à la base la plus radicale de son électorat, mais certainement pas à celle qui a hésité avec Benoît Hamon, parfois jusqu'au dernier moment, et qu'il déçoit instantanément. Sophie Taillé-Polian a fait la campagne de Benoît Hamon. À la Mutualité ce soir-là, où les soutiens du socialiste sont réunis, la sénatrice du Val-de-Marne écoute la déclaration de Jean-Luc Mélenchon et se cabre quand il n'appelle pas ses électeurs à faire barrage à Le Pen. « Ça me choque profondément. Des tas de gens lui en veulent encore », confirme-t-elle.

David Cormand, secrétaire national d'Europe Écologie Les Verts est au même endroit, défait. Il regarde la scène vide de son candidat, Yannick Jadot, vainqueur de la primaire écologiste, qui a rejoint Benoît Hamon à la dernière minute ; à deux, ils se partagent les miettes du PS et des Verts. « Jean-Luc Mélenchon commet une faute stratégique en adoptant la stature de l'hégémonie : c'est moi qui ai raison, rejoignez-moi. Il aurait pu utiliser celle du leadership, qui consiste à dire : j'ai la charge de la centralité du rassemblement et de l'alternative, travaillons ensemble à construire une coalition[1] », regrette l'eurodéputé écologiste, quatre ans plus tard.

« Quand il fait ce score exceptionnel en 2017, la déception n'est pas totalement compréhensible. Il prend le fait de ne pas être au second tour très à cœur. Il aurait pu s'adresser à toute la gauche et dire : on est devant, on a fait 19 %, on n'y est pas tout à fait, mais j'appelle tout le monde à construire la victoire[2] », considère Clémentine Autain, députée insoumise venue du parti communiste. Les communistes, qui ont fait campagne pour lui pour la deuxième fois, ne sont ni cités ni remerciés. Ils se sentent humiliés. Ils s'en souviendront.

L'union des deux formations échoue aux législatives et les communistes prennent leur revanche en 2022. Ils présentent Fabien Roussel qui obtient, grâce à son réseau d'élus locaux, ses parrainages plus rapidement que Jean-Luc Mélenchon et qui lui chipe quelques points sur sa gauche en obtenant le score de 2,28 % au premier tour de la présidentielle. La vengeance est un plat qui se mange froid.

1. Entretien avec l'autrice, 28 février 2022.
2. Entretien avec l'autrice, 26 janvier 2022.

En 2022, Jean-Luc Mélenchon retient les leçons du passé. Il ne conteste pas les résultats, alors qu'une *remontada* à la dernière minute a fait croire à certains qu'il était encore jouable d'être devant Marine Le Pen pendant la nuit. Il ne dit pas qu'à « 400 000 voix près, c'était bon », comme il le fait en 2017 pour 600 000 suffrages. Il fait un discours plus joyeux, axé sur la transmission et sur sa place de troisième homme, leader incontesté de la gauche. Mais c'est un peu tard. Ce discours-là aurait dû avoir lieu en 2017.

Vingt ans après le 21 avril, la gauche est de nouveau éliminée par l'extrême droite au second tour. Il y a des invariants : l'Insoumis ne parle pas des autres formations de gauche, comme si elles n'existaient pas. Il voulait remplacer le PS, il y est parvenu. Mais la gauche, elle, a bel et bien perdu dans son ensemble l'élection majeure de la Ve République. Celle qui permet, quand on la remporte, de gouverner.

Alors, même s'il se résout à faire enfin l'union, tardivement, avec la Nupes en vue des législatives de 2022, cela ne suffit pas à obtenir une majorité. Beaucoup observent qu'il a été trop gourmand avec les circonscriptions travaillées par les socialistes. En proportion et par rapport au nombre attribué dans l'accord à chaque parti, c'est le PS qui fait le meilleur score : 30 députés sur 70 circonscriptions contre 75 remportés par les Insoumis qui en avaient 329. Si l'objectif avait été de gagner, Mélenchon en aurait sans doute laissé plus au PS. Mais l'objectif était de renforcer son mouvement et de préparer la suite. Tout le monde s'est sauvé. Si l'électeur de gauche qui attend du changement a repris des couleurs, il n'aura pas de gouvernement en sa faveur.

Ils se sont tous crus plus malins les uns que les autres. Persuadés, chacun dans leur couloir, que leur ligne pouvait l'emporter. Pourtant, contrairement à la présidentielle de 2002 où la surprise avait été totale, le résultat de 2022 était prévu de longue date. Il n'y a plus de séisme, mais un mur que la gauche s'est pris en klaxonnant. « Quelle couleur vous préférez pour le mur ? Le mur sur lequel votre réforme va se fracasser ? » : la première question de l'interview de Jean-Pierre Elkabbach sur Europe 1 face au ministre de François Hollande André Vallini en 2014 est restée culte chez les journalistes de ma génération. Après le déjeuner avec Anne Hidalgo, on l'a tous imité en chœur. « Il est de quelle couleur le mur ? »… On n'avait même pas bu.

LA COLÈRE

Colère : état affectif violent et passager, résultant du sentiment d'une agression, d'un désagrément, traduisant un vif mécontentement et accompagné de réactions brutales[1].

1. Larousse.

S'il ne fallait garder qu'une image de la colère en politique, ce serait celle-là. Visage rouge, le poing et les mâchoires serrés, le niveau sonore de la voix anormalement élevé, Jean-Luc Mélenchon manque d'en venir aux mains face à un policier imperturbable posté devant la porte de son local. Nous sommes le 16 octobre 2018, Jean-Luc Mélenchon vient de plomber son image. « La République, c'est moi! » hurle le leader insoumis alors que des perquisitions sont en cours au siège de son mouvement. La justice a ouvert deux enquêtes préliminaires, l'une sur les assistants parlementaires européens, l'autre sur le financement de sa campagne en 2017.

À l'heure où nous écrivons ces lignes, ces deux enquêtes sont toujours en cours. Jean-Luc Mélenchon a bien été condamné, en revanche, en 2019, pour « rébellion » et « provocation » à trois mois de prison avec sursis et à une amende de 8 000 euros en raison de son attitude ce jour-là.

Peu importe, finalement, les raisons des perquisitions. C'est comme à la télévision où l'on conseille d'être « bien coiffé et bien habillé, sinon on n'entend pas le message », seule l'image reste. « On dira que c'était une erreur le jour où on me démontrera que cette perquisition était utile », conteste Manuel Bompard, le directeur de campagne de Jean-Luc Mélenchon, début 2022, présent lors de la scène, condamné quant à lui à sept mille euros d'amende pour rébellion en réunion. « Moi, je considère que c'est une injustice, et face à cette injustice, il y a des gens qui réagissent avec plus ou moins de vigueur », justifie le militant de trente-cinq ans qui n'y voit pas non plus une erreur stratégique, eu égard à son électorat. « Il y a une partie de la population qui considère qu'on a raison de ne pas se laisser faire, d'autres nous caricaturent en disant "il ne faut pas réagir comme ça". » Il prend un accent snob pour imiter une partie de l'électorat que son parti a du mal à séduire : les bourgeois.

Certains, à gauche, doutent aussi du bien-fondé de ces perquisitions, sans pour autant excuser le comportement du leader insoumis. C'est le cas de David Cormand, ancien patron des Verts, député européen. « À ce moment-là, Jean-Luc Mélenchon est dans le repli, convaincu qu'il y a un complot. On lui cherche des noises, il a fait 19 % à la présidentielle… » De là à réagir ainsi… Lui qui avait commencé à attirer les déçus du PS, comme

Emmanuel Maurel et Marie-Noëlle Lienemann, patatras. « C'est le contre-pied. Comme au tennis, il se fait les ligaments croisés », résume Cormand. Et les deux élus de l'aile gauche du PS ne viendront pas chez lui.

Pour contrer la colère, Cassien, l'un des ecclésiastiques qui ont théorisé les sept péchés capitaux, conseille de mépriser « la gloire et l'infamie ». Jean-Luc Mélenchon ne s'en est pas inspiré... Car après cette séquence des perquisitions, loin de se repentir ou de s'excuser, il continue sur le même registre. « Kesseuh que ça veut direuh ? » Dans une piètre imitation de l'accent toulousain d'une journaliste qui fait son travail à l'Assemblée nationale et l'interroge sur les affaires, il répond par la moquerie. Et l'humiliation. « Quelqu'un a-t-il une question formulée en français et à peu près compréhensible ? Votre niveau me dépasse. » La question était pourtant claire : pourquoi critiquer *Mediapart* qui s'intéresse à vos affaires judiciaires quand vous louiez le travail du même journal sur les affaires Fillon ou Le Pen ? L'interrogation dérange, Mélenchon éructe.

S'il avait contesté le bien-fondé de cette perquisition et dit la même chose plus calmement, l'aurait-on écouté ? Sans doute un peu plus. Là, le message est brouillé. Il eût été possible de se rattraper, de faire amende honorable. Mais il continue sur le même registre, un an plus tard, à la sortie de son procès. Confondant le message et le messager comme l'idiot avec la lune et le doigt, Mélenchon s'en prend à *Quotidien*, qui a filmé – magistralement, on ne l'a pas assez souligné dans l'histoire – l'intégralité de la séquence de la perquisition, sous ses propres yeux. « *Quotidien*, c'est à la télé tous les soirs ! », déplore-t-il le jour de son procès, le 20 septembre 2019. Le gimmick est devenu un incontournable du générique de l'émission, faisant grossir encore l'image à peine déformée de cette colère. Dévastatrice. Qui a envie de confier les codes nucléaires à un homme qui ne maîtrise pas ses nerfs ? Personne. Qui regarde *Quotidien* le soir à la télévision ? Tout le monde. « Enfin, je suis un rebelle officiel après une vie à faire le rebelle, commencée à l'âge de seize ans », se félicite-t-il à la sortie du tribunal, le 9 décembre 2019. L'humour pour s'en sortir…

Privilège des dieux

S'il avait été une femme, on l'aurait traité d'hystérique. Heureusement pour lui, on l'a juste traité de colérique. Dans son *Bref traité de la Colère, passion interdite*, le journaliste Jean-Pierre Dufreigne note que des sept péchés capitaux, la colère est la chasse gardée des dieux, c'est d'ailleurs le seul péché qu'ils utilisent contre les mortels. Mais les candidats à la présidentielle ne sont pas des dieux. La scène de la perquisition choque autant car elle insinue que Jean-Luc Mélenchon, simple député, se place au-dessus des lois et des autres citoyens. « Mélenchon n'est pas un surhomme », défend quatre ans plus tard l'un de ses plus proches partisans, Manuel Bompard, qui semble tout de même regretter les dégâts de la séquence : « Il faudrait être aveugle pour ne pas les voir. » Rare moment d'introspection dans un parti d'ordinaire muselé et peu prompt à remettre en cause son leader, surtout dans la presse. Est-ce parce qu'il revient de La Réunion, les yeux encore fermés à cause du décalage horaire malgré les deux Coca glaçons bus d'une traite, qu'il se livre ainsi à la sincérité ? Quatre ans plus tard, la période est surtout plus favorable à Jean-Luc Mélenchon qui grappille semaine après semaine quelques demi-points dans les sondages et qui s'est lui-même baptisé la « tortue sagace » pour montrer son savoir-faire en matière électorale.

La colère de Mélenchon est apparue aux yeux du grand public, mais elle est loin d'être nouvelle. Son histoire est bâtie sur ce péché, à tel point qu'elle fait désormais « partie du personnage » selon son ancien collègue socialiste, Julien Dray. Politiques et journalistes, dans les couloirs des partis ou lors de déplacements, en ont souvent fait les frais. « Je l'ai connu tout petit au PS, il était déjà colérique », témoigne Jean Glavany, ancien ministre de Lionel Jospin. « Les seuls moments où il ne pétait pas de câble, c'est quand il était ministre », soutient celui qui était ministre de l'Agriculture quand Jean-Luc Mélenchon occupait le poste de ministre délégué à l'Enseignement supérieur, de 2000 à 2002.

Au Conseil des ministres, il se tient à carreau, comme tous les socialistes « car Jacques Chirac est présent », se souvient Jean Glavany, ce que confirme Marylise Lebranchu, Garde des Sceaux à la même époque. Même lors des réunions du gouvernement à Matignon, entre socialistes, autour de Lionel Jospin, on ne l'entend pas. « Pas un hurlement, doux comme un agneau... », assure l'ancien secrétaire d'État. Comment expliquer cet adoucissement? Le goût du pouvoir? L'admiration qu'il portait à Jospin qu'il appelle « le grand », comme Mitterrand « le vieux »? Au début des années 2000, Jean-Luc Mélenchon est encore heureux d'être socialiste. Il est fier de faire partie du « gouvernement le plus à gauche du monde ». « C'était vrai si l'on se souvient de l'ambiance de l'époque dans le monde et surtout des 35 heures. Elles sont la plus grande avancée du siècle dans le changement d'affectation de la valeur ajoutée entre le capital et le travail », assume-t-il encore, par SMS, le 16 mars 2022.

Sa colère contre la social-démocratie est née de ses déceptions successives d'un parti qui n'est plus conforme à ses idéaux de gauche. La rigueur budgétaire du traité européen de 2005 ? Il ne la supporte pas et vote contre. Les années Hollande ? L'apothéose du libéralisme. Dans son traité *De la Colère*, Sénèque explique qu'on exprime en général de la colère envers ceux qui sont, par leur position, « inférieurs ». « Ainsi on ne peut ressentir une colère contre ceux qui peuvent nous être supérieurs ; dans ce cas, ou bien on n'agit pas avec colère, ou bien on le fait d'une manière moins énergique », écrit le sénateur romain. C'est peut-être aussi ce qui explique le calme de Mélenchon à l'époque, au sein du gouvernement. Autre enseignement du traité de l'Ancien, la colère trouve sa source dans le sentiment de vengeance.

« Tyran éclairé »

En 2017, le maire de Gennevilliers, Patrice Leclerc, semble avoir subi, comme beaucoup de communistes, la vengeance de Mélenchon. Les négociations pour les législatives de 2017 entre communistes et Insoumis ont échoué. Les premiers ont soutenu Mélenchon à la présidentielle et attendaient en échange des circonscriptions. Trop, aux yeux des Insoumis. Les relations entre les deux formations sont exécrables, mais le maire de la ville de banlieue parisienne a un positionnement très favorable à Mélenchon. Il l'a soutenu deux fois à la présidentielle en 2012 et en 2017, lui a apporté son parrainage et a même, un temps, quitté le PCF car il voulait une candidature unitaire à gauche. En 2017, Leclerc fait selon ses mots une « sacrée campagne » pour l'Insoumis avec ses militants locaux. Sa ville affiche même le meilleur score de Mélenchon à la présidentielle en Île-de-France avec 47 % des voix au premier tour. Un exemple. Quand arrive le moment des investitures aux législatives, Elsa Faucillon, communiste qui a aussi participé aux campagnes présidentielles, espère ne pas avoir de candidat insoumis face à elle. Patrice Leclerc, son suppléant, soutient cette demande auprès de Jean-Luc Mélenchon, directement par SMS. « Si tu veux notre investiture, il faut signer la charte, sinon bon vent avec le PCF », répond Mélenchon qui impose, par ce document adressé aux futurs députés, une discipline de groupe. Le communiste refuse : « J'aime ma liberté révolutionnaire pour faire ce qui me semble juste, pour les parrainages, comme pour les chartes. » Conclusion de Mélenchon : « Nos relations s'arrêtent là où commence la discipline d'apparatchik. Tu as refusé la main tendue, majesté municipale. » Le maire de Gennevilliers a très mal vécu cette dernière expression. « C'est un tyran éclairé, résume-t-il. Il est brillant, mais n'accepte pas la controverse. »

Un peu plus tard, en février 2020, pendant les élections municipales, Patrice Leclerc, en campagne pour sa réélection à la mairie de Gennevilliers, reçoit de vives critiques dans sa commune de la part des Insoumis locaux. Il décide de s'ouvrir à Jean-Luc Mélenchon par SMS, à nouveau. « Je crois que tes amis FI exagèrent un peu en disant "stop au fascisme" à Gennevilliers. » Réponse : « Tiens, tu m'écris. Vous passez votre vie à me taper dessus à tout propos. C'est une bonne occasion là, non ? Profite bien. » Et Mélenchon d'ajouter : « Je bloque ton accès à mon téléphone pour éviter tes prochains remugles. » La cour de récré.

En 2017, une enquête de Radio France sur le financement de sa campagne présidentielle lui déplaît. Il traite en vidéo les journalistes d'« abrutis » et appelle ses troupes à « les pourrir partout où vous pouvez ». Une incitation au cyberharcèlement auquel certains Insoumis s'adonnent volontiers. Fureur également en 2015 quand Cécile Duflot fustige dans une tribune à *Libération* son dernier livre, *Le Hareng de Bismarck*[1]. « Ton hareng, Jean-Luc, me reste en travers de la gorge », déplore la présidente du groupe écologiste à l'Assemblée nationale qui regrette son « ton injurieux » et qui rappelle

1. Jean-Luc Mélenchon, *Le Hareng de Bismarck (le poison allemand)*, Plon, 2015.

en titre « L'Allemagne n'est pas notre ennemie ». Attablée dans un café de la Bastille six ans plus tard, Cécile Duflot se souvient encore de passages par cœur et manque de s'étouffer. « Périssent l'Allemagne et ses grosses bagnoles plutôt qu'un seul instant à table avec une poularde à la peau bien craquante, un roquefort moisi et un verre de vin jaune[1]. » « Périsse l'Allemagne… », soupire l'actuelle dirigeante d'Oxfam France, visiblement émue. « Nostalgie identitaire », « germanophobie élémentaire », « vision hexagonale sépia »… L'ex-patronne des Verts y va fort. Mélenchon n'apprécie pas et le fait savoir. Manuel Bompard, qui connaît Jean-Luc Mélenchon depuis qu'il a quitté le PS pour fonder le Front de gauche, en 2008, promet que son patron ne s'est jamais mis en colère contre lui. On a envie d'en douter, mais l'image publique n'est pas toujours celle des moments sans caméras. « Je le prends avec ses avantages, ses défauts, ses points forts et ses points faibles. Si vous connaissez une personnalité politique parfaite… » Il continue : « Il y a des gens plus calmes. Yannick Jadot est plus calme, mais pour l'instant il est à 4 % dans les sondages. Je ne dis pas ça méchamment… » Cela fait plus d'une

1. La phrase exacte du livre de Jean-Luc Mélenchon est « Périssent l'Allemagne, son "modèle" et ses grosses bagnoles plutôt qu'un seul instant à table avec une poularde à la peau craquante, un roquefort correctement moisi et un bon verre de rouge à la robe légère. »

heure que nous discutons, je reviens aux perquisitions. J'ai besoin de comprendre. Pour moi, elles sont définitives pour sa carrière politique. Pourquoi n'avoir jamais exprimé un vrai regret public ? Long silence. C'est sans doute la fatigue, mais il marque une forme d'abattement. Il soupire. Il se penche en arrière pour trouver une explication quand vient cette métaphore : « Quand vous avez un accident de voiture parce que vous avez eu un moment d'inattention, vous pouvez passer votre vie à vous dire que vous auriez dû être plus attentif. Mais qu'est-ce que ça change[1] ? »

Quand elle n'est pas exprimée, la colère peut être aussi dangereuse que la fureur. Si les sentiments qui la précèdent comme la frustration ou l'injustice ne sont pas verbalisés, ses effets peuvent se manifester autrement. Intériorisée, la colère se transforme en fatigue, lassitude ou dépression.

Colère qui déprime

Cette colère qui déprime, je l'ai beaucoup observée au parti socialiste, au point d'en subir moi aussi les ravages. Le point d'orgue est sans aucun doute l'université d'été de La Rochelle de 2018, l'une des

1. Entretien avec l'autrice, 28 février 2022.

dernières éditions avant sa fermeture, où la pluie reflète l'ambiance du parti. Morose. Les quelques caméras qui ont fait le déplacement cherchent les « ténors », mais elles tombent sur la sénatrice Marie-Noëlle Lienemann, déprimée elle aussi, seule devant son café, désolée de ne pas être entourée d'éléphants. « Y a plus personne », soupirent les anciens. Planquée derrière ses lunettes de soleil alors qu'il pleut, à l'image d'une gauche qui se pense encore starifiée malgré les mauvais temps, elle observe de loin Stéphane Le Foll et bougonne des banalités sur l'aile gauche du parti. Je n'ai objectivement rien à raconter et je me demande pourquoi on s'évertue collectivement à les couvrir. C'est intéressant de suivre la mort d'un parti, jusqu'au moment où ça devient morbide. Une longue descente aux enfers se déroule devant nos yeux. Le discours d'Olivier Faure est faible, la conférence de presse pathétique de banalités, les rues vides. Je crois que j'ai compris ce soir-là que le PS disparaissait. Il ne reste plus que des fantômes. « Ici, à l'époque, il y avait toute la clique, les Hollande, Strauss-Kahn, Aubry, Royal, Jospin ! Ils bouffaient tous ici, c'était fabuleux », se rappelle François Rebsamen qui me fait la visite. Je le crois. Je revois les images de mon enfance qui passaient à la télévision, les grandes heures de la rue de Solférino, les quais du port bondés de socialistes et de jeunes trop heureux d'en être. J'ai entendu, ensuite, des journalistes plus expérimentées, dans mes premières rédactions, se raconter le congrès de Reims et La Rochelle, l'été. Ça en jetait, elles se battaient pour y aller, c'était « the place to be » avec la « dream team ». Les années 90. C'est fini. En 2022, beaucoup de mes confrères se sont battus pour suivre Éric Zemmour.

Depuis, les protagonistes de cette histoire ont quitté le navire. François Rebsamen, emblématique maire de Dijon, plutôt de l'aile droite, a fini par rejoindre Emmanuel Macron début 2022, quand Marie-Noëlle Lienemann, de l'aile gauche, a préféré soutenir Fabien Roussel, le candidat communiste. Deux anciens socialistes, désormais aux antipodes l'un de l'autre. Le grand écart idéologique n'a jamais été tranché depuis le référendum de 2005, malgré les synthèses de François Hollande qui cachaient les désaccords sous le tapis.

« Le socialisme, historiquement, c'est un cri de colère contre les injustices. Vous avez entendu Olivier Faible (sic) dire quelque chose là-dessus ? » Jean Glavany ne se laisse pas abattre, ce jeudi 24 février 2022, jour de l'invasion russe en Ukraine, devant un plat de pâtes « huile d'olive, ail et beaucoup de parmesan » qui ne figure pas sur la carte. Ça fait cinquante ans qu'il a sa carte du PS, il est affligé. Il appelle Olivier Faure, le patron du parti depuis 2018, « Olivier Faible ». Il assume tout ce qu'il dit, c'est rare. Il n'est pas tendre non plus avec Yannick Jadot qu'il trouve « chiant ». Ce n'est pas le seul à avoir utilisé cet adjectif à l'égard du candidat écologiste à la présidentielle au cours de cette enquête. « On coupe vite quand on l'écoute à la télé, il est chiant comme la pluie », poursuit le septuagénaire devant ses pâtes.

Le PS avant l'accord de la Nupes ne s'est peut-être pas assez mis en colère. Il a préféré ronger son os plutôt que d'exprimer pleinement ce qui n'allait pas dans la politique d'Emmanuel Macron ou dans ce que l'extrême droite promettait au pays. Quand Éric Zemmour déclare sa candidature le 11 décembre 2021, ce n'est pas une surprise. On ne parle que de lui depuis trois mois, il monte inexorablement dans les sondages. Ses concurrents à la présidentielle auraient pu prévoir une réponse, une vidéo, des mots forts pour contrer le trublion réactionnaire et nationaliste. Anne Hidalgo ne poste aucune réaction sur les réseaux sociaux, occupée à autre chose. Elle relaiera un message beaucoup plus tard dans la journée, quand la séquence est passée, de son porte-parole, Boris Vallaud. Pour l'anecdote, je déjeune avec lui ce jour-là. Cela fait plus d'une heure qu'il hésite sur la formule à utiliser. Il envoie finalement ce tweet : « Un polémiste d'extrême droite de salon. Un tiers mondain, deux tiers médiocre. Son programme tient en un geste : celui qu'il a fait à Marseille. La meilleure façon d'arrêter ? Je commence le mois sans Zemmour », promet le porte-parole du PS à ses followers. La formule, pourtant travaillée, n'est pas reprise dans la presse. Et la promesse est dure à tenir. Zemmour est partout, tout le temps. Il monte dans les sondages à mesure que les socialistes baissent. Jean Glavany confie qu'après une certaine hésitation, il votera quand même pour Anne Hidalgo. Les critiques contre elle sont trop violentes et il est « un bon gars, dans le fond ».

La colère fait partie de l'ADN de la gauche. C'est ainsi qu'elle s'est construite, révoltée par les injustices et les inégalités. Un cri d'humanité nécessaire, souvent moteur mais qui ne doit pas virer à la foire d'empoigne.

C'est d'un sentiment de colère que naît Sandrine Rousseau. Le lundi 6 juillet 2020, l'écologiste entend à la radio que Gérald Darmanin est propulsé ministre de l'Intérieur. Elle manque de s'étouffer, s'assoit, n'en croit pas ses oreilles. « Pendant vingt-quatre heures, j'ai un sentiment de rage, mais de rage[1]... », confie-t-elle en février 2022. « Le lendemain matin, je me suis levée et je me suis dit : ma fille, tu y vas, tu ne peux pas te lamenter,

1. Entretien avec l'autrice, 25 février 2022.

tu y vas. » Elle décide alors d'être candidate à la présidentielle, en passant par la primaire écologiste, son parti. Gérald Darmanin est encore l'objet de poursuites après une plainte pour viol quand il prend la tête des commissariats et des gendarmeries censés recueillir la parole des femmes. C'en est trop pour celle qui avait déjà été guidée par la colère quand elle dénonce auprès de *Mediapart* et France Inter, avec d'autres femmes de son parti, le harcèlement ou les agressions sexuelles de Denis Baupin, ancien député vert, en 2016, un an avant Me Too. La colère peut être bonne conseillère, elle est un moteur sain en politique. *Indignez-vous!*[1] suppliait Stéphane Hessel à ma génération, en 2011, avant de mourir deux ans plus tard. L'humaniste, qui a soutenu la candidature de François Hollande en 2012, ne recommandait pas, en revanche, de transformer l'animosité nécessaire en haine, encore moins à l'intérieur de son propre camp.

Irrationnelle, la colère méprise autrui. Elle ne tient compte ni de son bien-être ni de celui des autres. Elle s'exhibe en public, au mépris des règles de bienséance élémentaire. C'est ainsi que la gauche, dans son ensemble, s'est hurlée dessus à ciel ouvert pendant l'intégralité de la campagne de 2022. Quel spectacle! Tout l'automne, alors

---

1. Stéphane Hessel, *Indignez-vous!*, Indigène Éditions, 2011.

qu'Éric Zemmour s'invite avec fracas dans le paysage politique, donnant à l'extrême droite environ 35 % des intentions de vote d'octobre à février, les leaders de gauche s'invectivent. « Faure ment comme un macroniste », tweete Bastien Lachaud, député insoumis, en novembre 2021, en réponse à un message du premier secrétaire du PS qui salue la victoire au Chili d'un président de trente-cinq ans, Gabriel Boric, qui a réussi à coaliser plusieurs partis de gauche pour l'emporter face à l'extrême droite. « Au Chili, ses amis du PS ont soutenu une démocrate-chrétienne au premier tour. Ils ont rallié Boric au deuxième pour battre l'extrême droite, c'était bien le minimum », ajoute Lachaud. « Je voulais parler de la gauche en général et de l'importance de faire une primaire », décrypte Faure, inlassable défenseur du rassemblement quand celui-ci n'était pas à la mode et rejeté en bloc par les Insoumis.

« Je ne veux plus faire de la politique dans des groupes du Ku Klux Klan », dégaine Sandrine Rousseau après son éviction de la campagne de Yannick Jadot en mars 2022. Elle reconnaît ensuite une « expression maladroite », mais le mal est fait. « T'en as fumé de la bonne toi ce matin », lance encore Julien Dray à son collègue socialiste Boris Vallaud qui se félicite de l'obtention des 500 parrainages par sa candidate. Anne Hidalgo plafonne à 2,5 % dans les sondages, Julien Dray s'agace à voix haute. Le spectacle est désastreux. La gauche se parle à elle-même.

Problèmes de tofu

Ces disputes en famille connaissent leur apogée avec un sujet qu'on n'attendait pas. Dans une parodie de campagne telle que nous l'avons vécue, les leaders de gauche se sont mis à parler… gastronomie. Inscrite au patrimoine mondial de l'Unesco, la gastronomie est bien un sujet qui devrait rassembler, dans une France qui meurt de ses divisions. L'art de vivre à la française, l'importance des repas, de leur préparation, le fait de se mettre autour d'une table pour partager un moment qu'on nous envie dans le monde entier. La bonne bouffe, l'excellence, le restaurant, le partage. Le sujet de l'alimentation est un sujet à part, essentiel, qui recouvre politiquement de nombreux domaines. De l'agriculture et d'une nécessaire souveraineté alimentaire, au commerce et à l'économie de l'alimentation où les marges sont injustement distribuées jusqu'aux enjeux de santé publique, de malbouffe et d'environnement. On aurait pu avoir ce débat-là. Il eût été essentiel. Au lieu de quoi, la gauche s'est enfermée dans des divisions identitaires sur la couleur de l'assiette et celle de la peau, car elles seraient liées.

Ce matin du 9 janvier, Fabien Roussel, candidat communiste à la présidentielle, quitte en voiture Saint-Amand-les-Eaux. C'est là qu'il habite, ses week-ends sont sanctuarisés. Il veut dormir chez lui, dans le Nord, avec sa compagne qu'il aime, il le fait savoir à qui veut l'entendre. Il a même posé avec elle dans *Paris Match*, batteur à la main dans leur cuisine pour réaliser une mousse au chocolat sans sucre, un sweat *French Disorder* floqué du mot « Amour » pour l'occasion. Il théorise ainsi l'égalité salariale qui serait source de bonheur dans le couple : « Si chacun est bien dans son travail et gagne décemment sa vie, on évite les disputes », dit-il, tout sourire au magazine. Il fait campagne sur le retour des « jours heureux » et est d'un naturel jovial.

En voiture donc, pour les studios de France Télévisions. Fabien Roussel a deux heures et demie devant lui avant de rejoindre Paris. Il est l'invité de « Dimanche en politique », sur France 3, présenté par Francis Letellier. Succès d'audience garanti pour un candidat largement méconnu du grand public, qui reste le plus souvent collé à 2 % dans les sondages. Les communistes n'ont pas bonne presse et ils n'ont pas eu de candidat à la présidentielle depuis quinze ans. En 2007, Marie-George Buffet obtient 1,94 %, le score le plus bas de l'histoire du parti.

L'émission se déroule, quand soudain, à trois minutes de la fin, interrogé sur le prix de la « personnalité de l'année » remis à Emmanuel Macron par *La revue du vin de France*[1], le candidat répond : « Un bon vin, une bonne viande, un bon fromage : c'est la gastronomie française. Le meilleur moyen de la défendre, c'est de permettre aux Français d'y avoir accès. » Sandrine Rousseau dégaine immédiatement un tweet « Le couscous, plat préféré des Français », avec un émoji festif qui tire un cotillon… C'est parti. C'est la fête à gauche. Celle qui est encore présidente du conseil politique de Yannick Jadot décide de passer une partie de son dimanche sur LCI pour taper sur le communiste et ajouter que « la raclette est suisse » et que les sushis, c'est japonais. Ajoutez à cela les insultes sur les réseaux sociaux entre militants cocos et écolos jusqu'à la lie, et vous avez un exemple du débat entre les gauches, même au plus haut niveau. Sur Twitter, Sergio Coronado, ancien député écolo : « Je ne bois pas. Je suis végétarien. J'espère que je ne suis pas l'anti-France. » Réponse du communiste Ian Brossat : « J'aime le fromage, j'aime la viande, j'espère que je ne suis pas réactionnaire. » On se pince.

---

1. « Grand prix du vin de France 2022 : Emmanuel Macron et Jean-Louis Chave distingués », *La revue du vin de France*, 6 janvier 2022.

Le sujet occupe les militants de chaque camp pendant des semaines. La dernière remarque que j'ai relevée sur le sujet date du 6 février 2022. Un mois sur l'identité. La gauche qui prenait des pincettes pour en parler vient de confesser au grand jour qu'elle est en réalité bouffée par ses contradictions internes. Elle donne raison à Manuel Valls qui pense qu'il existe « deux gauches irréconciliables » et se regarde le nombril – ou l'assiette – au lieu de parler aux et des électeurs.

« Rien n'était prémédité, mais cette petite phrase sur le bon vin et le bon fromage nous a permis de régler le problème de notoriété », sourit Ian Brossat qui observe avec délice les intentions de vote de son candidat augmenter dans les jours qui suivent. Sandrine Rousseau, elle, assume la polémique qu'elle alimente. « Je l'ai fait, et je l'ai arrêtée pour le faire sortir de bois. Ça a permis de voir son vrai visage. Je savais que ça allait le faire buguer[1] », se félicite-t-elle. De son côté, Roussel fait mine de ne pas comprendre ce qui lui est reproché, dans un dialogue avec des militants qu'il laisse capter par LCI : « Ce qui est affligeant, impensable, c'est que quand on porte une parole populaire, simple, on a des polémiques stériles à gauche (…) L'extrême

1. Entretien avec l'autrice, 25 février 2022.

droite menace et nous on fait une polémique sur ça[1] ? » répond à distance le communiste.

Là-dessus, on aurait du mal à lui donner tort. Avec cette phrase, Fabien Roussel s'inscrit dans les pas de Cassien : « Il n'y a pas de colère juste, sauf celle qui est dirigée contre les démons ; les autres colères sont contre nature. » Les démons, pour eux, devraient être Le Pen et Zemmour, Macron et Pécresse à la rigueur. Pas leur famille politique. La droite et l'extrême droite s'offrent un carré de tête dans toutes les intentions de vote. La gauche est absente des qualifications, trop engluée dans ses problèmes de tofu. Sauf que Fabien Roussel ne s'applique pas les conseils qu'il donne à ses adversaires. Trois jours plus tard, il enfonce le clou contre les écologistes. « Je ne suis pas de ceux qui veulent tout interdire, du sapin de Noël au Tour de France en passant par la viande », reprenant au mot près les caricatures de la droite et de l'extrême droite. Un mois plus tard, le 7 février 2022, en Corse, il déclare qu'il veut que les gens puissent manger « une bonne viande, bien de chez nous », flirtant avec le vocabulaire de l'extrême droite qui fait scander à ses électeurs « on est chez nous ». « Et on va manger quoi ensuite, du tofu ? » se moque-t-il encore. On en est là. Comme si on ne pouvait pas rassembler, à la manière d'un

1. Scène captée par LCI, diffusée le 12 janvier 2022.

Aragon des temps modernes, ceux qui mangent de la viande et ceux qui n'en consomment pas.

Mais à ce moment-là, dans une approche caricaturale qu'elle arrivera pourtant à dépasser avec la Nupes, la gauche préfère jouer au jeu des sept différences, plutôt que de travailler aux convergences. Elle ne cherche pas ce qui la rassemble mais bien ce qui la divise. « Ça a permis de lever les masques : Fabien Roussel n'est pas écolo », poursuit Sandrine Rousseau dans un café du centre de Paris, à l'heure du thé, le 25 février 2022. Quelques jours avant de se faire virer de la campagne de Yannick Jadot, la chantre de l'écoféminisme, poussée par ses 49 % à la primaire écolo du mois de septembre, théorise un nouveau clivage à gauche. « Il nous faut restructurer la gauche autour de l'écologie, parce que dans le futur projet de reconstruction, il faudra savoir qui est écolo et qui ne l'est pas, prévient celle qui réfléchit déjà aux initiatives à prendre après la présidentielle. Il y a ceux qui sont productivistes et ceux qui sont écologistes, c'est ça la ligne de fracture. » Elle promet de ne pas rejoindre Jean-Luc Mélenchon car elle est « écolo » et qu'elle a « toujours été fidèle » à sa famille politique. Les étiquettes dépassent les idées.

Le même jour, j'interroge le directeur de campagne de Fabien Roussel, Ian Brossat, sur ce manque de volonté de rassemblement. Il me répond qu'il a

« vérifié » et que les consommateurs de tofu ne sont « vraiment pas nombreux ». Et il se marre. Chacun dans sa chapelle et un boulevard pour leurs adversaires. S'ils avaient passé tout ce temps-là à combattre les idées qu'ils sont censés exécrer, celles qui montent comme un tsunami 2022 après le séisme 2002, celles de l'extrême droite qu'ils ont historiquement toujours combattues, que serait-il arrivé ? Auraient-ils réussi à la contenir et à voir en chacun de leurs microcourants des ressemblances ? Ils ont pourtant su mettre tous ces problèmes de côté en seulement treize jours et treize nuits en mai 2022. Quand il s'agit de sauver son siège aux législatives, il n'y a plus de tweets assassins qui vaillent… Le vainqueur temporaire de cette polémique culinaire est Fabien Roussel, si l'on en croit les enquêtes d'opinion de février. Il arrive à dépasser les 4 % quand Jadot tombe à 4,5 %. À touche-touche du plancher. Il perdra ces deux points quelques semaines plus tard. C'était bien la peine.

Cécile Duflot, retirée de la vie politique, regarde ce spectacle avec désarroi. Je sens qu'elle ne veut pas en dire trop pour ne pas ajouter au désastre, mais je perçois qu'elle n'aime pas ce qui se passe. « La politique est devenue un monde où chacun défend sa petite entreprise unipersonnelle et ça ne peut pas donner envie aux gens[1]. » Elle fait la moue, mais

1. Entretien avec l'autrice, 18 janvier 2022.

n'en dit pas plus. Ne jamais insulter l'avenir. Patrice Leclerc, le maire de Gennevilliers, est écœuré. Le 8 mars, à un mois du premier tour, il ne sait pas pour qui voter. À cinquante-huit ans, il confie n'avoir « jamais vu une période pareille ». « Je n'ai parrainé personne, cette fois-ci. Je trouve irresponsable de la part de la gauche d'y aller dispersée dans cette période préfasciste. Je regarde ce qui se passe et je verrai », conclut-il, amer. Il a voté Mélenchon.

« Depuis la fin du XIXe siècle, l'histoire des divisions à gauche est bien plus longue que celle de l'union », relativise Pascal Perrineau, dans son bureau de Sciences Po. Il rappelle que le premier chef de gouvernement socialiste, Léon Blum, qui réunit les trois blocs de gauche (socialiste, radical et communiste) sous la bannière du Front populaire en 1936, qualifie dix ans plus tard le parti communiste de « parti nationaliste étranger »[1]. Il n'oublie pas que les accusations de « sociaux-traîtres » ont toujours eu lieu entre socialistes et communistes au cours du XXe siècle et que « les petites piques et les haines » sont loin d'être nouvelles. Dans son ouvrage sur *Les gauches en France*, Jacques Julliard établit que ces mouvements viennent de matrices culturelles bien différentes entre les anarcho-syndicalistes, les communistes, les socialistes humanistes ou jacobins et

1. Léon Blum, *À l'échelle humaine*, Gallimard, 1945.

que ces cultures ont toujours eu du mal à cohabiter. De quoi relativiser les bisbilles de 2022 ? Elles étaient tout de même au ras des pâquerettes et rarement portées sur le fond des idées.

Saine colère

On ne peut refermer ce chapitre sans évoquer la « colère saine », mémorable, de Ségolène Royal lors du débat de l'entre-deux tours de la présidentielle de 2007. Un débat qu'elle n'a « pas assez préparé » selon Julien Dray, premier soutien de la candidate, pourtant volontaire pour imiter Nicolas Sarkozy lors de répétitions. « J'ai préparé le fond avec Régis Debray et Erik Orsenna, pas le genre à faire les guignols », réplique, piquante, Ségolène Royal par SMS en mars 2022. Quinze ans après, les animosités n'ont pas disparu. Si l'ambiance était aussi sympathique à l'époque, la nervosité a dû être omniprésente les jours précédant ce duel majeur. Elle se manifeste, en tout cas, sur les écrans de télévision des Français, au moment où la question du handicap arrive dans le débat. « On atteint le summum de l'immoralité politique. Jouer avec le handicap est proprement scandaleux », attaque bille en tête Ségolène Royal, visant le bilan de son adversaire, à la surprise générale. « Et je suis très en colère. » « Calmez-vous, calmez-vous, et ne me montrez pas du doigt avec cet index pointé », réplique Sarkozy qui garde son calme. « Non, je ne me calmerai pas. » « Pour être présidente de la République, il faut être calme », conseille Sarkozy qui ne dévie pas de sa ligne. « Et il y aura des colères que j'aurai quand je serai présidente de la République », s'acharne Royal. « Ça va être gai ! » coupe Sarkozy. « Je ne sais pas pourquoi Mme Royal, d'habitude calme, a perdu ses nerfs. » Le match est plié. Viennent ensuite deux contradictions fatales pour la candidate socialiste. « Je ne m'énerve pas, je suis en colère » et « Je ne suis jamais énervée, j'ai beaucoup de sang-froid ». Le débat est perdu. Je montre souvent cette scène à mes étudiants de Sciences Po. Ils ne l'ont en général jamais vue. Ils voient tout de suite ressurgir le sexisme dont est teintée l'entièreté de la campagne de Ségolène Royal, mais ils conviennent souvent qu'elle a quand même raté l'exercice. Je suis assez d'accord avec eux. Le sexisme dont a été victime toute sa vie Ségolène Royal et le manque de connaissance du sujet par l'ensemble de la société en 2007 la font passer pour une hystérique. Mais sa colère était-elle sincère ? Le mot-clé de la séquence est « immoralité ». C'est là-dessus que rebondit Nicolas Sarkozy qui se dit « blessé » par son emploi, comme Valéry Giscard d'Estaing, trente-trois ans auparavant, l'emporte face à François Mitterrand en lui retirant « le monopole du cœur ». Tant que la gauche restera dans des postures morales, elle échouera. Avec le ton qu'on lui connaît et au mépris des négations, le futur Président conclut : « Je vous en veux pas parce que ça peut arriver à tout le monde de s'énerver. »

LA LUXURE

Luxure : comportement de quelqu'un qui se livre sans retenue aux plaisirs sexuels[1].

1. Larousse.

C'est un secret de polichinelle. Sous le manteau, dans les couloirs de la rue de Solférino, petites mains du parti, journalistes et élus ricanent sous cape. Parfois, à la fin des années 2010, dans la cour de l'hôtel particulier du 7e arrondissement de Paris, ils scrutent avec malice les fenêtres du bureau d'Alain Bergounioux, pour essayer de voir, de confirmer la rumeur. L'historien socialiste, intellectuel reconnu et compagnon de route du parti depuis les années 1980, « regarde des films pornos dans son bureau ». Tout le monde le sait. « Au début ça nous faisait marrer, ensuite ça ne nous a plus fait rire du tout », raconte un ancien permanent qui décrit « des pornos pas du tout mignons, des pornos sadomasos ». « Je n'y croyais pas, j'ai voulu vérifier et j'ai vu », poursuit-il. Il rigole à moitié en évoquant la scène. L'affaire durerait « depuis des années », selon certains. « Il avait en plus la perversité de tourner son écran vers la cour », ajoute un ancien député socialiste. « Il ne faut pas exagérer, j'ai travaillé. Il y a beaucoup de choses sur Internet, il y a des images qui passent. Ce n'est pas du tout une occupation. Si vous voulez raconter cette histoire, arrêtons là la discussion », m'a répondu l'intéressé quand je lui ai demandé sa version des faits qu'il n'a pas démentis.

« Ce n'est pas méchant de regarder des pornos »

Interrogé sur le sujet, Jean-Christophe Cambadélis évoque un « micro-épisode » qui ne « s'est pas reproduit ». Son directeur de cabinet de l'époque, Sébastien Turcat, est tout de même mandaté en 2017 pour aller lui parler et que ce comportement cesse. « Nous avons eu des échanges très secs, mais le message est passé et reçu », témoigne l'ancien conseiller. Il mène ensuite l'enquête pour savoir si des « comportements déplacés ou du harcèlement » vis-à-vis de collègues ont eu lieu. « Leur réponse était clairement "non" », assure l'ancien directeur de cabinet, encore étonné d'avoir eu à gérer ce genre de situation. Un historique du parti, toujours présent dans les instances, relativise : « Ce n'est pas méchant de regarder des films pornos. Les gosses en regardent, pourquoi lui n'aurait-il pas le droit de les voir ? » « Cela va dans le sens d'une minimisation générale de ce que ce type de comportements produit, car ce ne sont pas toujours les choses les plus graves qui alimentent une culture par extension sexiste et déplorable », pense au contraire Sébastien Turcat, quarante-cinq ans. Il a désormais pris du champ avec la politique mais soutient le mouvement « Me Too Politique » qui lutte contre les violences sexistes et sexuelles dans le milieu : « Face à cette culture, ce n'est pas seulement aux femmes qui la subissent de s'insurger, c'est notre responsabilité à tous. » On se demande pourquoi ce genre de personnage n'est pas resté en politique...

Avant d'écrire ce livre, j'ai retracé rapidement dans mon esprit les grands événements marquants de ces dernières années à gauche. L'affaire DSK m'a sauté aux yeux. C'est elle qui m'a conduite à choisir cette typologie des sept péchés capitaux. Avec l'affaire Cahuzac, j'avais l'avarice. Il suffisait d'ajouter la colère de Mélenchon, la paresse des socialistes, l'orgueil de chacun... C'était bon, ça se tenait.

L'affaire DSK est le marqueur des violences sexuelles en politique. À New York, le 15 mai 2011, le patron du FMI, pressenti pour remporter l'élection présidentielle française de 2012, est arrêté après qu'une femme de chambre de l'hôtel Sofitel où il séjournait l'accuse de viol. Le choc est total ; les mentalités, affligeantes. Deux phrases de confrères suffisent à la résumer. « C'est un troussage de domestique », balaie le journaliste Jean-François Kahn, le 16 mai 2011, sur France Culture. « Pourquoi si tard, pourquoi maintenant ? Avez-vous été manipulée ? » interroge David Pujadas, le ton inquisiteur, face à Tristane Banon le 5 juillet 2011, au *20 heures* de France 2. Dans le sillage de Nafissatou Diallo, la jeune femme vient également de porter plainte contre le patron du FMI pour tentative de viol en 2003. « C'est une question qui ne se pose plus, on ne dit jamais à une femme pourquoi vous avez attendu aussi longtemps », déplore-t-elle sur le plateau de *C à vous*, en 2020, neuf ans après cette interview. Cinq ans plus tard, en 2016, une autre affaire vient secouer la gauche. C'est l'affaire Denis Baupin, au cours de laquelle plusieurs femmes politiques dénoncent le harcèlement ou les agressions sexuelles du vice-président de l'Assemblée nationale, pilier du parti Europe Écologie Les Verts.

Ce n'est pas un hasard si les affaires de violences sexuelles sortent d'abord à gauche. Les partis de gauche ne comptent pas plus d'agresseurs que les autres partis. Ils existent partout. C'est que ce milieu, plus engagé que les autres sur le sujet, fait émerger ces problèmes pour les dénoncer. Et c'est tout le paradoxe. Comme les affaires sortent, ils se retrouvent au premier plan pour gérer les dossiers, alors même que la gauche est historiquement liée à la défense du féminisme.

Dès sa genèse, le socialisme est féministe. Au XIXe siècle, le marxisme donne naissance au courant « féminisme socialiste » et une « internationale socialiste des femmes » est créée en 1907. La période 1898-1914, définie par Jacques Julliard dans sa somme sur *Les Gauches françaises*[1] comme « le mouvement radical », n'oublie pas les femmes. Dans les années 1970, le Mouvement de libération des femmes (MLF) est révolutionnaire. Sur les affiches, le poing levé entoure le signe de la femme. Les luttes sociales et féministes se mêlent. C'est avec cette culture que Lionel Jospin fait voter la loi sur la parité en 2000 et le premier congé paternité en 2001 – porté par sa ministre déléguée à la Famille, Ségolène Royal. Les avancées en la matière sont souvent dues à la gauche.

Au Moyen-Âge, la réforme grégorienne affirme que le péché de luxure est le plus grave pour les hommes d'Église, car il est considéré comme une trahison envers leur communauté de fidèles[2]. C'est aussi le nœud du problème à gauche. Attendue au tournant, la gauche ne peut pas se permettre la trahison en la matière.

1. Jacques Julliard, *Les Gauches françaises, 1762-2012. Histoire, politique et imaginaire*, Flammarion, 2012.
2. « Luxure cléricale, gouvernement de l'Église et royauté capétienne au temps de la "Bible de saint Louis" », *Revue Mabillon*, 25, 2014.

Au moment du mouvement Me Too, *Libération*[1] révèle l'affaire Thierry Marchal-Beck. Le dirigeant du Mouvement des jeunes socialistes (MJS) est accusé par huit femmes d'agressions sexuelles. Son exclusion du parti est exigée, il disparaît des radars politiques. Ce qui choque, ce sont les comportements du militant socialiste en responsabilité, mais aussi et surtout le décalage entre ses actes et ses propos. Tout au long de sa carrière au sein du parti socialiste, le responsable d'une trentaine d'années a porté haut et fort le féminisme, la lutte contre les violences faites aux femmes et contre les inégalités. Il se dit à la tête d'un mouvement féministe, réclame une république féministe et le voilà qui tombe pour agressions sexuelles. La trahison est totale.

Trahison. C'est le sentiment que beaucoup, à gauche, ont ressenti en voyant cette image du conseil de Paris. Sous les dorures de l'Hôtel de Ville, dans la chaleur de ce 24 juillet 2020, Anne Hidalgo applaudit le discours du préfet Lallement. A-t-il redit qu'il n'est « pas dans le même camp » que les gilets jaunes, comme en 2019 ? A-t-il déclaré que les malades du Covid en réanimation n'avaient qu'à « respecter le confinement », comme en mars 2020 ? Non, cette fois,

1. Laure Bretton, « Harcèlement sexuel au MJS : "J'ai dû le masturber pour m'en débarrasser" », *Libération*, 14 novembre 2017.

le préfet de police de Paris, soutenu par Emmanuel Macron et associé aux violences policières, a rendu hommage à un ami de la maire de Paris. Christophe Girard, soixante-six ans, qui vient de démissionner de son poste d'adjoint à la Culture en raison de sa proximité avec l'écrivain Gabriel Matzneff.

« La honte, la honte! » s'emporte Alice Coffin, nouvelle élue écologiste connue pour ses engagements LGBT et autrice du *Génie lesbien*[1]. Ses propos sont peu audibles, l'assistance est plus en phase avec le duo de la tribune qu'elle applaudit à tout rompre en se levant en même temps qu'eux. Au sein du groupe écologiste, Raphaëlle Rémy-Leleu, tout juste trente ans, vient d'être élue elle aussi. L'ancienne porte-parole d'Osez le féminisme est aussi choquée que sa nouvelle collègue : « Lallement est hors cadre, il est censé avoir un devoir de réserve. On lui pose une question sur un jeune éborgné et il répond "gloire à Christophe Girard"[2] », résume la conseillère de Paris, encore abasourdie. « Ils ont tous des comportements inadéquats, c'est provocation contre provocation. Rien ne va dans cette scène[3] », déplore Olivier Faure au téléphone deux ans plus tard.

1. Alice Coffin, *Le Génie lesbien*, Grasset, 2020.
2. Entretien avec l'autrice, 4 février 2022.
3. Entretien avec l'autrice, 10 mars 2022.

Le livre de Vanessa Springora, *Le Consentement*[1], paru en janvier de la même année, défraie toujours la chronique. Il a provoqué l'ouverture d'une enquête par la justice pour « viol sur mineur » contre Gabriel Matzneff. La pédocriminalité s'invite pour la première fois de cette manière dans le débat public en France, et les journalistes du Tout-Paris enquêtent pour connaître les liens, ceux qui ont laissé faire, ceux qui savaient. Le *New York Times* a déjà sorti, en février 2020, une enquête sur Gabriel Matzneff qui fait état de ses liens avec Christophe Girard[2]. L'un de ses livres lui a été dédicacé et il est soupçonné d'avoir financé certains des voyages au cours desquels Gabriel Matzneff emmenait Vanessa Springora, quatorze ans à l'époque des faits. Christophe Girard est entendu par la justice en mars 2020, en pleine campagne des municipales, dans le cadre de l'enquête.

Le choc des cultures

Les deux futures élues écologistes mettent alors en garde l'entourage de la maire de Paris. « Je préviens le cabinet de la maire très tôt, en leur disant "il y a

1. Vanessa Springora, *Le Consentement*, Grasset, 2020.
2. Norimitsu Onishi, « Un écrivain pédophile – et l'élite française – sur le banc des accusés », *New York Times*, 11 février 2020.

des preuves, des enquêtes journalistiques, ça va vous péter à la gueule pendant le procès Matzneff" », raconte Raphaëlle Rémy-Leleu, à propos d'un procès pour « apologie » de pédocriminalité prévu en septembre 2021[1]. « Elles nous alertent, mais sans nous donner de faits précis », précise Emmanuel Grégoire, premier adjoint à la mairie de Paris. « La maire n'est pas convaincue et affiche sa loyauté », résume l'élue écologiste. Anne Hidalgo refuse de céder alors que son adjoint n'est pas directement visé par l'affaire Matzneff et que la justice suit son cours. En juin 2020, elle reconduit son ancien adjoint à la Culture, au même poste. C'en est trop pour les élues écologistes qui réclament sa suspension et l'ouverture d'une enquête interne. Le 23 juillet 2020, devant la mairie de Paris, elles participent à une manifestation où des pancartes « Bienvenue à Pedoland » sont brandies par la poignée de militants présents. La maire de Paris ne le supporte pas, elle dénonce des « injures publiques », des « banderoles infamantes » et saisit la justice. Quelques jours plus tard, alors que des notes de frais de Christophe Girard ayant invité à déjeuner Gabriel Matzneff sont trouvées à la mairie de Paris et remises par Anne Hidalgo à la justice[2],

1. Le procès a été annulé pour erreur de procédure en octobre 2021.

2. Marine Turchi, « Derrière la démission de Christophe Girard, des repas avec Matzneff payés par la Ville », *Mediapart*, 27 juillet 2020.

l'adjoint, acculé, démissionne. Anne Hidalgo le soutient jusqu'au bout et regrette sa décision. « Dans quelle démocratie vivons-nous où le droit est piétiné par la rumeur, les amalgames et les soupçons ? » tweete la maire de Paris qui se dit « écœurée ». C'est le début d'un long bras de fer entre écologistes et socialistes de l'Hôtel de Ville.

Quelques semaines plus tard, en août, une nouvelle affaire paraît dans le *New York Times* contre Christophe Girard. Un jeune homme l'accuse de « relation abusive » quand il avait quinze ans, Christophe Girard dénonce une calomnie. En démissionnant, il a épargné à la maire de Paris un mauvais feuilleton. Quelques mois plus tard, pourtant, le feuilleton continue, mais sans lui.

En novembre 2020, c'est Pierre Aidenbaum, un autre adjoint d'Anne Hidalgo, fraîchement nommé « adjoint à la Seine » malgré ses soixante-dix-sept printemps, qui est accusé d'agression sexuelle par sa plus proche collaboratrice. Cet ancien maire socialiste du 3e arrondissement est mis en examen pour « viol » dans la foulée. Anne Hidalgo le démet immédiatement de ses fonctions, deux mois seulement après l'avoir nommé… La justice n'est pas encore passée quand elle lui demande de quitter son poste, contredisant presque son attitude précédente vis-à-vis de Christophe Girard. « Il y a une différence très notable, c'est que Christophe Girard est accusé de faits très anciens qui ne concernent pas quelqu'un de la Ville. Dans ce cas précis, on parle d'une directrice de cabinet en fonction, administrativement rattachée à l'Hôtel de Ville et au cabinet de la maire. C'est une situation professionnelle d'urgence absolue », décrypte Emmanuel Grégoire, premier adjoint d'Anne Hidalgo qui a suivi les choses de près.

Les valeurs féministes d'Anne Hidalgo sont connues et affirmées. Comment expliquer ces erreurs d'analyse ? Manque de discernement ou de renouvellement, péché mortel des socialistes ? Emmanuel Grégoire, son premier adjoint, qui dit avoir plaidé pour plus de renouvellement en 2020, ne lie pas les deux raisons. « Anne Hidalgo a des convictions féministes très ancrées, mais pas la même approche culturelle que d'autres formes de féminisme contemporaines. Son principe est très clair : c'est celui du droit. Je respecte ça chez elle. »

Prudence et soupçons

La période est confuse, les décisions difficiles à prendre alors qu'aucune institution française n'est préparée à cet afflux de paroles libérées. Entre le respect de la nécessaire présomption d'innocence et le fait que la justice ne peut pas toujours faire émerger la vérité, que le soupçon est souvent une alerte à prendre en compte dans ce genre d'affaires, la bonne attitude est sans doute la plus grande prudence. Bien avant que l'affaire Hulot ne sorte, beaucoup dans le milieu politico-journaliste savaient que des femmes comptaient s'exprimer pour dénoncer des agressions sexuelles contre l'ancien présentateur vedette d'*Ushuaïa*. Mais une enquête en cours n'est jamais une enquête sortie. On ne peut en parler tant que tout n'est pas vérifié. Quand je lui demandai si les écologistes n'avaient pas commis une grave erreur stratégique en désignant pour la présidentielle de 2007 Eva Joly plutôt que Nicolas Hulot lors d'un vote interne, Sandrine Rousseau me répondait « pas forcément… » sur la base des faits que nous savions toutes les deux, mais que nous allions tous découvrir au grand jour des mois plus tard, dans un *Envoyé Spécial*[1] qui a fait date. Voilà une forme de prudence.

Les écologistes ont été pionniers en matière de parité et de dispositifs pour lutter contre les violences faites aux femmes. En 2012, Barbara Pompili et François de Rugy forment le premier duo paritaire à la tête du groupe écologiste de l'Assemblée

1. Virginie Vilar, *Nicolas Hulot : des femmes accusent*, Envoyé Spécial, 25 novembre 2021.

nationale. Après l'affaire Baupin qui touche leur parti en 2016, un dispositif de prévention et de lutte contre le harcèlement et les agressions sexuels est créé au sein du parti. En 2020, le secrétaire national du parti, Julien Bayou, reconnaissait que la parité n'était pas encore atteinte pour ses têtes de liste aux municipales et qu'il restait « à travailler pour lutter contre le sexisme en interne »[1]. Une prise de conscience rare et notable.

À la tête du PS depuis 2018, Olivier Faure revendique un changement des pratiques au sein du parti socialiste, amorcé sous Jean-Christophe Cambadélis. Ils ont par exemple mis en place la parole alternée entre hommes et femmes lors de réunions stratégiques, en s'apercevant que les femmes intervenaient moins que leurs collègues masculins. Olivier Faure a aussi désinvesti ses candidats aux municipales de Saint-Nazaire et Strasbourg pour cause d'affaires en cours liées aux violences sexuelles, ce qui lui a valu de perdre les deux mairies. Sous son mandat, un permanent du parti accusé par une stagiaire d'agression sexuelle a été licencié après une enquête interne. Sur ces questions, le PS a entamé sa mue. Au-delà de la parité, Jean-Christophe

1. Astrid de Villaines, « Malgré le sexisme de leurs partis, ces femmes de gauche veulent remporter la bataille culturelle », *Le HuffPost*, 9 mai 2020.

Cambadélis affirme avoir renouvelé les membres des instances pour faire venir « moins d'énarques, plus de militants issus des quartiers populaires ». Une action qui aurait bousculé les habitudes, au point de recevoir le SMS d'un socialiste mécontent, dont il ne veut pas citer le nom, pendant son mandat de premier secrétaire. « Il y a trop d'enfants de l'immigration par rapport aux Juifs », rapporte-t-il de mémoire. « Sur le coup, j'ai mis ça sur la culture de quelques-uns qui n'avaient pas eu les postes au Bureau national. Dans la colère, on peut dire des trucs comme ça. J'ai été choqué mais j'ai maintenu mon cap. J'estimais que le PS était devenu trop institutionnel. »

Je le pressentais. Je m'en doutais. Mais je n'avais jamais posé la question. Il y a toujours une « actualité » plus urgente à traiter, un autre sujet à aborder. C'est dommage. En préparant l'entretien que je dois avoir avec Rachid Temal, le soir à peine tombé, dans mon appartement de Pantin, je pense à son prénom. « Rachid ». Je n'y avais jamais prêté attention, mais là, il me saute aux yeux. Ils ne sont pas nombreux les *Rachid* au parti socialiste. Et derrière les apparats du sénateur, chic mais détendu, super jovial, lunettes moulantes et verbe haut, il n'évoque pas souvent ses origines algériennes. Mais ce soir-là, en préparant l'entretien, je note sur un coin du carnet le mot *racisme*. Poser la question.

Entre Hidalgo et Cambadélis – c'est un hasard bien sûr – je note le mot *racisme*, pour ne pas oublier.

Le vendredi 4 février 2022, au matin, on a rendez-vous dans un salon attenant à la buvette et à la salle des conférences du Sénat. J'aime bien cet endroit et ses banquettes en velours violet ; il y a une fresque au plafond. Avant d'aller chercher des jus d'orange et des cafés, il m'accueille guilleret, comme toujours. Le monde pourrait s'effondrer, Rachid Temal sourirait encore. C'est agréable. La situation est catastrophique, sa candidate est tombée à 2 % dans les sondages, mais il fredonne « Ça va super ! ». Je suis interloquée. « La vie pour moi, c'est mon quartier. Le reste, je m'amuse. » Ce n'est pourtant pas très drôle. Je m'aperçois que depuis cinq ans, les socialistes parlent souvent d'eux à la première personne, rarement des gens qu'ils sont censés représenter. Peut-être d'ailleurs parce qu'ils ne les représentent plus. Il ne m'avait jamais parlé de sa ville de Taverny, du Val-d'Oise, où il a été élu la première fois conseiller municipal à la jeunesse en 1995, encore moins de son quartier. « Je suis de Jean Bouin moi, à jamais. » Il parle comme un mec de banlieue. C'est la première fois. Je me dis que ça tombe à pic, moi qui voulais lui parler de racisme, on dirait qu'il a lu dans mes pensées. Il tape sur tout le monde, Taubira et son « ego » ; la direction du PS, « ça ou rien c'est la même chose ». Il trouve que la gauche ne parle pas assez des gens qui galèrent et des mères célibataires. Il s'oppose à la gauche qui défend les réunions non mixtes, « ça s'appelle du racisme, il faut les combattre ». Pendant la campagne des régionales, cette question a créé des tensions avec la candidate dont il assurait la direction de la campagne, Audrey Pulvar, qui disait, elle, les comprendre. Il est sincère et visiblement touché quand il raconte le coup de fil de son père, immigré algérien, qui l'engueule au téléphone sur cette affaire : « C'est quoi cette gauche de merde? Occupez-vous des vrais problèmes des gens. » Il vante son action après la défaite de Hamon, à la tête du PS par intérim. Le plan social, la vente de Solférino, le sale boulot. Il raconte la résolution qu'il fait adopter en juillet 2017 pour placer le PS « clairement dans l'opposition » à Macron, ce qui n'était pas si clair. Et puis il lâche, sans que j'aie besoin de lui poser la question : « Le plus de racisme que j'ai vécu, c'est au parti socialiste. » Je ne suis pas surprise. Il ne veut pas s'attarder sur le sujet. J'insiste. « Dans ma fédé, quand j'ai voulu être candidat aux sénatoriales, un élu socialiste m'a expliqué que mon prénom pouvait poser problème. » Il n'y a pas d'animosité, juste un constat. « C'est vrai que comme je suis le seul à m'appeler Rachid, le racisme ou la discrimination, ils ne sont pas habitués, ils ne comprennent pas ». Je l'avais remarqué, mais ne lui en avais pas parlé. Ce rendez-vous est étonnant. « On a fait un gros travail sur le combat des femmes, tant mieux, sur l'antisémitisme et l'homophobie aussi et c'est tant mieux. On a progressé et il faut continuer. Mais sur la question du racisme… c'est plus compliqué. »

« OK, miss »

Tout n'est pas encore réglé sur la question du sexisme dans les partis politiques de gauche. C'est une ambiance, un système, un ordre patriarcal difficile à bouger. « Ça ne va pas vous intéresser, on parle de foot », me lance un député européen socialiste en 2018 à l'occasion d'un déjeuner avec un confrère du *Monde* qui s'en étonnera lui aussi. « OK, miss », m'envoie par SMS un autre dirigeant de plus de soixante ans, en 2022. « Comment ça, on peut plus draguer », s'étonnait un député PS, la quarantaine, en 2016 au moment où des femmes journalistes dénoncent dans *Libération* le sexisme des politiques de tous bords. Ils n'ont pas vu venir le mouvement Me Too car ils ont longtemps été entre hommes.

Dans un contexte pré-Me Too, où le mot « sexisme » n'était pas audible, Ségolène Royal fait une sacrée campagne présidentielle en 2007. Première femme à accéder au second tour d'une élection présidentielle, elle obtient 26 % au premier tour, 47 % au second, de quoi faire pâlir d'envie tous les acteurs de la gauche actuelle. On ne va pas revenir sur tous les sarcasmes misogynes qu'elle a dû endurer, il faudrait un livre entier, elle l'a d'ailleurs écrit[1]. Mais quand même. « Qui va garder les enfants? », se demande Laurent Fabius, défait de la primaire qui voulait le poste. La « bravitude » qu'elle lâche devant la muraille de Chine lui colle encore à la peau quand tout le monde a oublié qu'à la même période de sa campagne, dix ans plus tard, Emmanuel Macron déclare que la Guyane est une île, au mépris de la géographie. « Clairement, ils l'ont prise pour Bécassine. Ségolène Royal a des défauts, mais ce n'est pas Bécassine[2] », tranche Julien Dray quand d'autres ténors socialistes à la retraite ne voient toujours pas de sexisme dans la campagne qu'elle a pu vivre. Le parti socialiste dirigé par François Hollande et le mouvement de Ségolène Royal, Désirs d'avenir, n'étaient pas alignés. Les deux camps, représentés par un couple en instance de séparation – ce qui n'arrange rien – se renvoient encore aujourd'hui la responsabilité de qui du PS ou de Désirs d'avenir s'est éloigné de l'autre. « L'image que Ségolène Royal a trouvée à l'époque est la bonne : c'est comme une bonne qui prend les clés de la maison et qui s'y installe. Quand les propriétaires rentrent, ils ne le supportent pas », tranche Julien Dray qui fait partie, à l'époque, du premier cercle

1. Ségolène Royal, *Ce que je peux enfin vous dire*, Fayard, 2018.
2. Entretien avec l'autrice, 3 mars 2022.

de Ségolène Royal. « J'ai fait cinquante réunions publiques pour elle, arrêtons avec ces fadaises », se défend Jean Glavany qui était à la direction du parti. Le socialiste de soixante-douze ans a commencé sa carrière politique sous François Mitterrand, comme Ségolène Royal. Un jour, il se souvient qu'ils sont tous les deux conviés à déjeuner par le Président qui veut entendre les petits jeunes du Palais et les aspirations de leur génération. « Je pense que la jeunesse a besoin d'ordre et d'autorité », aurait confié Ségolène Royal dans des propos rapportés par Jean Glavany qui pouffe encore de rire quand il livre l'anecdote. Il aurait ensuite, selon ses dires, traité la conseillère de « réac » devant le président de la République et déclaré au contraire que la jeunesse « a besoin d'accompagnement et de libertés ». J'aurais aimé savoir ce que François Mitterrand a pensé de leurs interventions. J'ai tendance à penser que Ségolène Royal avait une intuition politique qui méritait d'être écoutée, au lieu d'être moquée. Elle assure de son côté que cette anecdote est totalement fausse et que ce déjeuner n'a jamais eu lieu.

Des décennies plus tard, en 2007, Michel Rocard arrive en trombe dans son bureau, quelques jours avant le dépôt officiel des candidatures devant le Conseil constitutionnel. Il lui demande de retirer sa candidature au profit de la sienne. Cet événement dit tout de ce que Ségolène Royal a pu vivre. Quand elle évoque la scène, sur le plateau de Laurent Ruquier en septembre 2007, elle parle de « violences psychologiques ». Encore une intuition, à un moment où l'expression n'est pas aussi connotée et alarmante qu'aujourd'hui. Si elle n'est sans doute pas voulue comme telle, Royal vit alors une opération de déstabilisation qu'aucun homme politique n'aurait supportée. Les socialistes ont-ils laissé passer Nicolas Sarkozy pour d'obscures raisons machistes ? « La machine était sacrément rodée et on saura par la suite qu'il avait une grosse réserve financière que nous n'avions pas », relativise Julien Dray. Ce qui est sûr, c'est qu'ils ne l'ont pas aidée.

« Elsa, t'es un mec, t'es un mec, t'es un mec »

Toutes les femmes de gauche avec lesquelles je me suis entretenue dans ce livre font encore état de phrases sexistes au sein de leur mouvement ou dans la vie politique en général. Elles confient leur fatigue d'avoir à lutter pour imposer les thématiques de l'égalité ou de la lutte contre les violences sexuelles au centre du jeu. Elles observent avec dépit que les femmes politiques s'auto-excluent, à cause du fameux « syndrome de l'imposteuse ». Elles déplorent les accès qui leur manquent encore dans telle ou telle prise de décision car le cliché qui voudrait que « la stratégie, c'est un truc de mec », comme le résume Clémentine Autain, a encore la vie dure. Elles constatent, comme dans tous les partis, la difficulté d'inventer de nouveaux codes, féminins par définition, dans un monde qui n'a jamais voulu d'elles et qu'elles peinent encore à pénétrer.

Aujourd'hui, certaines se voient régulièrement entre elles pour parler politique et partager leurs réflexions : Clémentine Autain, députée insoumise venue du PCF, Elsa Faucillon, députée communiste proche des Insoumis, la députée européenne insoumise Manon Aubry, ou Aurélie Trouvé, ancienne dirigeante d'Attac désormais députée LFI. Elles organisent des dîners pour se retrouver, construire des ponts à gauche et se soutenir quand le quotidien, notamment sexiste en politique, est trop lourd à porter.

Elsa Faucillon, députée communiste, a vingt-sept ans quand elle prend la parole devant un groupe de salariés de l'industrie en grève. Elle a peur. Elle est précédée de syndicalistes, tous des hommes, et d'Olivier Besancenot qui n'est pas le dernier des orateurs. Elle n'a qu'une envie, c'est de rentrer chez elle, mais elle se force. « Elsa, t'es un mec, t'es un mec, t'es un mec », se répète-t-elle avant de monter sur une estrade improvisée pour les soutenir. Elle hallucine encore quand elle voit la photo, main dans la poche et jambes écartées. « J'ai réussi à être un mec! », sourit celle qui n'est pas dupe de la difficulté de la tâche et qui ne goûte pas beaucoup les critiques adressées à Valérie Pécresse après son meeting raté du Zénith en février 2022. « On a voulu lui faire jouer Charles de Gaulle, alors que c'est absurde », lève les yeux au ciel la députée communiste, dans un élan de sororité transpartisane. L'un des grands défis de la gauche dans les prochaines années sera de faire plus de place aux femmes dans leurs mouvements, d'aller les chercher, de les mettre en avant et d'adapter leurs codes aux leurs.

Car quand elles s'en chargent… ça se passe différemment. Il n'est pas inintéressant de souligner que les quatre responsables des principaux partis de gauche, Julien Bayou chez EELV, Jean-Luc Mélenchon chez LFI, Fabien Roussel au PCF ou Olivier Faure au PS sont des hommes. Si je m'astreins à ne jamais essentialiser hommes et femmes dans ma vie quotidienne, la vie politique ne peut échapper à cette dichotomie tant les femmes y sont encore reléguées au second plan. Tant que nous n'avons pas vu une femme présidente de la République en France et des cheffes d'État au Conseil de sécurité de l'ONU, nous ne pouvons affirmer avec certitude qu'elles mèneraient les choses exactement de la même façon. Il en va de même à gauche. Plus les femmes monteront dans la hiérarchie des partis, plus on aura loisir d'observer si leurs façons de manœuvrer entre appareils politiques, de traiter leurs rivaux ou de mener les rapports de force ressemblent à celles de leurs collègues masculins. Cette lecture genrée de la vie politique à gauche, les femmes que j'ai interviewées l'assument pleinement.

Font-elles de la politique autrement ? Sont-elles plus enclines à œuvrer au rassemblement ? On trouvera toujours des contre-exemples. Mais j'observe que leurs façons de faire détonnent dans le paysage. Quand Cécile Duflot est à la tête des Verts, elle organise en 2008 une rencontre secrète entre José Bové et Daniel Cohn-Bendit, afin de préparer les élections européennes de 2009. Elle pressent que les conséquences du référendum de 2005, qui ont profondément divisé, sont encore un problème et qu'il faut « réunir le camp du oui et le camp du non », incarnés par les deux hommes. « J'organise la rencontre dans les jardins du musée Rodin, car on ne risquait pas de croiser qui que ce soit, à part des touristes. En plus, je voulais que ce soit en plein air, car je les connais tous les deux et ils n'aiment pas être enfermés. » Une vraie réaction de « care[1] », le soin, souvent attribué aux femmes qui se préoccupent

1. La notion de « care » a été popularisée en France par Martine Aubry en 2010. Alors première secrétaire du PS, elle plaide pour une « société du soin mutuel » contre le projet de réforme des retraites de Nicolas Sarkozy. (« Martine Aubry dévoile le projet socialiste », *Mediapart*, 2 avril 2010.)

du bien-être de chacun… J'ai hâte d'entendre des hommes politiques parler de la sorte, eux qui n'ont souvent qu'un vocabulaire guerrier pour expliquer leur stratégie politique. « On va les défoncer », ai-je encore entendu au cours de cette enquête de la part de l'un des chefs de parti à propos de ses rivaux à gauche. Aux élections européennes qui suivent, en 2009, Daniel Cohn-Bendit et José Bové sont candidats, l'un en Île-de-France, l'autre dans le Sud-Ouest. Les écologistes font 16,28 %, leur meilleur score à ce stade à ce scrutin, à touche-touche avec le parti socialiste et ses 16,48 %. Un signal.

Le trio Aubry-Duflot-Buffet

Entre 2008 et 2010, c'est l'inverse d'aujourd'hui. Trois femmes sont à la tête des principales formations de gauche. Martine Aubry dirige le parti socialiste, Marie-George Buffet est secrétaire nationale du parti communiste et Cécile Duflot à la tête des écolos. « J'ai un merveilleux souvenir de cette période », confie cette dernière qui évoque « des relations fluides » et surtout des « victoires politiques ». « On conserve toutes les régions en 2010, on gagne le Sénat et les départementales en 2011[1] », se félicite l'actuelle dirigeante d'Oxfam France. C'est l'époque

1. Entretien avec l'autrice, 18 janvier 2022.

bénie des vagues roses avant qu'elles ne se retirent progressivement sous François Hollande, régulièrement accusé d'avoir « tout perdu ». Le Sénat repasse à droite en 2014, l'extrême droite fait des scores historiques aux régionales de 2015 et la carte rose des régions devient bicolore en 2016, alors que seule l'Alsace était bleue six ans plus tôt. Il ne faudrait tout de même pas résumer ces années fastes pour la gauche à la présence de femmes cheffes de partis, surtout dans un effet classique de balancier d'un temps révolu où gauche et droite se passaient le pouvoir, et remportaient, selon qu'elles étaient au gouvernement ou dans l'opposition, les élections intermédiaires, mais il est intéressant de s'en souvenir.

C'est en 2011 que Martine Aubry et Cécile Duflot bâtissent ensemble l'accord entre les écologistes et le parti socialiste en vue des élections législatives de 2012. « On voulait sincèrement que ça marche, on n'était pas dans des postures de rassemblement », se souvient l'écologiste. Elle raconte le temps qu'il a fallu, le nombre de réunions sans caméras et la volonté sincère d'y parvenir. « On ne peut pas préparer sereinement les législatives quand on est dans cet état de baston », prévenait-elle, en janvier 2022, à l'égard des dirigeants actuels. « Ils pourront peut-être faire un accord défensif à la dernière minute, mais il y a dix ans, tous les accords étaient déjà bouclés en novembre 2011. » En effet, l'accord « défensif » a fonctionné. Mais le nombre total de députés de gauche en 2022 est de 151 députés. En 2012, le PS fait élire plus de 300 députés et le premier groupe écologiste de l'Assemblée nationale naît, avec 18 députés. Ils sont aujourd'hui 23, maigre progression.

« Diminution de pénis »

« Les démarches unitaires sont toujours plus simples entre femmes », affirme Elsa Faucillon, députée communiste des Hauts-de-Seine. « La recherche d'unité est vécue pour nous comme un élément positif. On en fait une stratégie politique quand ils la perçoivent comme une faiblesse ou une tactique », soutient-elle encore. « C'est peut-être parce que nous ne sommes pas aujourd'hui aux postes de pouvoir, mais nous ne vivons pas ces négociations comme une diminution de notre pénis », décrit la jeune quarantenaire en se marrant. Elle regrette que les rapports de force à gauche soient « encore marqués par une force ancienne, une construction politique très viriliste où il faut taper du poing sur la table quand nous sommes plus dans le dialogue et la cordialité qui fait notre force. » Elle sourit devant un café gourmand d'une brasserie de l'Assemblée nationale. Elle ne semble pas leur en vouloir, mais elle est combative et assume ses propos.

Avec sa collègue et amie Clémentine Autain, qui siège à l'Assemblée nationale avec les Insoumis, Elsa Faucillon a participé au « big-bang » de la gauche, en 2019. Une initiative qui se voulait unitaire en vue de la présidentielle 2022. « Il est minuit moins une », répétait Clémentine Autain sur tous les plateaux pour tenter d'alerter sur le péril de l'extrême droite qui menaçait. Mal lui en a pris. Les Insoumis n'ont que très peu goûté la démarche et la députée a été mise de côté « comme ils savent très bien le faire quand on n'est pas d'accord avec eux ». Elle ne leur en tient pas plus rigueur que ça, mais est déçue que sa tentative d'union ait échoué. « La proposition ne me semble pas la bonne en termes de moment et alors que nous analysons à chaud les résultats des élections européennes. Je n'apprécie pas sa manière de le faire sans discussion collective préalable », justifie en 2022 Manuel Bombard, directeur de campagne de Jean-Luc Mélenchon. « Nous en avons parlé tous les deux », ajoute-t-il sans animosité, l'épisode semble clos. Tous les deux ont des ambitions pour prendre la suite de Jean-Luc Mélenchon. C'est la première fois qu'ils se livrent aussi franchement, depuis que la France insoumise a été fondée en 2016. « Je travaille », lâche timidement Clémentine Autain, sans fermer la porte.

« Je n'exclus aucune option, mais je n'écraserai la gueule de personne[1] », confie Manuel Bompard. « Il faudra trouver la personne la mieux placée », ajoutent-ils en chœur, sans être côte à côte. « Si je décide de candidater à la candidature, ce sera pour défendre une orientation[2] », n'exclut toujours pas Clémentine Autain. Tous deux prévoient la suite, ce qui laisse présager deux choses, en ce début d'année 2022 : l'émergence claire de leur mouvement comme principale force à gauche, quand leurs concurrents socialiste et écologiste sont loin de penser à l'après. Cela peut aussi dire qu'ils ne croyaient pas beaucoup à la victoire de leur champion…

1. Entretien avec l'autrice, 28 février 2022.
2. Entretien avec l'autrice, 26 janvier 2022.

L'ENVIE

Envie : péjoratif. Tendance négative, passion mauvaise qui consiste à s'affliger de la réussite ou du bonheur d'autrui, et pouvant aller jusqu'à lui désirer du mal et chercher à lui nuire[1].

1. Centre national de ressources textuelles et lexicales (CNRTL).

Beaucoup se sont demandé si Lionel Jospin avait vraiment « envie » d'y aller en 1995 et en 2002. C'est un invariant de la présidentielle française depuis l'élection au suffrage universel direct en 1965 : la rencontre d'un homme – un jour d'une femme – et du peuple. Il ne s'agit pas ici d'examiner les ressorts psychologiques de la candidature Jospin, même si le visionnage des images de la campagne de 1995 en donne une idée nette. Coincé, mal dans ses pompes, peu enclin aux bains de foule, encore moins à l'électricité du public avant de monter sur la scène d'un meeting. Lionel Jospin est engoncé. Pas fait pour ça.

En 2002, l'envoi d'un fax à l'AFP pour déclarer sa candidature en dit beaucoup sur sa réserve. Et la comparaison avec un Jacques Chirac qui se cassait les mains à force d'en serrer ne pardonne pas. Mais l'une des grandes erreurs de Lionel Jospin, en 2002, est d'avoir fait ce que les leaders de gauche – surtout ceux qui ne s'en réclament plus – font encore aujourd'hui : ne pas assumer qui l'on est.

L'envie est un péché complexe. Parfois associé à la jalousie, il est intimement lié à la haine de soi. Envier son voisin est un aveu : celui de ne pas s'aimer ni de se faire confiance. Un sentiment néfaste, « le plus difficile à soigner », selon le théologien du Vᵉ siècle, Jean Cassien, qui participe à transformer la liste des huit vices établis un siècle auparavant par le moine Évagre le Pontique en sept péchés capitaux.

Huit siècles plus tard, au XIIIᵉ siècle, Thomas d'Aquin aime à décrire l'envie comme un processus dynamique, en évolution, ce qui rend ce vice d'autant plus pervers car ses effets se cachent à la conscience. D'abord, selon le penseur, l'envie se manifeste par la volonté « d'amoindrir la gloire d'autrui », un phénomène fréquent à gauche ces dernières années. Puis, au palier supérieur, on se réjouit du malheur d'autrui. Précisément parce que nous n'y sommes pas parvenus nous-mêmes... Enfin, l'envie se transforme en haine, de soi comme des autres. C'est à l'aune de cette haine au double visage que l'on peut observer les vingt ans qui viennent de s'écouler à gauche.

« Mon projet n'est pas socialiste », lâche Lionel Jospin, le 21 février 2002, invité du journal de *20 heures*, sur France 2. La phrase est incompréhensible pour les Français devant leur poste de télévision ce soir-là. Décidément, les 21 lui portent malheur. Deux mois pile avant l'élection présidentielle – il s'est déclaré la veille –, c'est sa première prise de parole, après l'envoi du fax. David Pujadas le présente puis ajoute ce « pied », comme on dit en télévision, c'est-à-dire une petite phrase qui conclut un chapitre du journal avant de dérouler les autres titres. « Politique toujours, Jacques Chirac a trouvé son slogan : la France en grand, la France ensemble. » Visage crispé de Jospin. Alors même que Chirac n'est ni à l'image ni en plateau, c'est lui que l'on retient.

20 h 10, Lionel Jospin patiente, c'est désormais un reportage entier au QG de Jacques Chirac, avant qu'on lui redonne la parole. Antoine Rufenacht, directeur de campagne de Jacques Chirac et maire du Havre, se moque du fax et critique le bilan socialiste. En arrière-plan, un site web, moderne à l'époque : « ChiracAveclaFrance.net ». Retour plateau, David Pujadas demande à Lionel Jospin : « De votre côté, les locaux ne sont pas encore tout à fait prêts, c'est donc chez vous, à votre domicile, que se sont tenues les premières réunions ? »

Comment se fait-il que les locaux ne soient pas prêts deux mois avant le premier tour ? « Mais si, mais si, c'était prêt, relativise vingt ans plus tard Jean Glavany, directeur de campagne de Lionel

Jospin, c'est même moi qui les ai trouvés ! » Il commande une bouteille de Montepulciano avec l'accent italien. « Quand il était Premier ministre, on n'allait pas se réunir à Matignon, alors on faisait ça chez lui », ajoute le Pyrénéen. Souvent, les campagnes présidentielles tiennent à des détails. « Le karma », décrit un collaborateur socialiste pour évoquer celle de 2022. « Cette fois-ci, on n'en a pas », se désole-t-il. En 2002, ils n'en avaient pas non plus. Le karma, en sanskrit, désigne un acte rituel, une action, du travail et les conséquences de ces actes. Ça peut suffire pour gagner une élection présidentielle.

Populisme

Dans les années 2010, Jean-Luc Mélenchon, abandonne le terme de « gauche » pour lui préférer le plus à la mode « populisme », de gauche. L'Insoumis a passé une bonne partie du dernier quinquennat à moquer ceux qui, comme ses anciens alliés communistes, n'auraient eu que le mot « gôôôôche » à la bouche. (Il l'écrit vraiment ainsi, j'ai été ajoutée un jour par erreur sur une boucle interne aux Insoumis.) Yannick Jadot aussi un temps, lors de sa campagne des européennes de 2019, ne prenait pas l'étiquette « de gauche » pour un compliment. On n'est pas loin de la haine de soi, tout près en tout cas de la victoire idéologique de l'adversaire.

Comme un symbole, cette fois, de l'extrême droitisation de la société française : la proposition d'Arnaud Montebourg en novembre 2021 de taxer les flux Western Union des travailleurs étrangers en situation légale en France pour tenter de contenir des flux d'immigrés illégaux des mêmes pays d'origine. Une proposition de Marine Le Pen et une faute morale qui lui coûte sa place à la présidentielle. Il était déjà très mal embarqué mais la dégringolada s'est accélérée pour celui qui promettait à la France une « Remontada », le nom de son mini-mouvement en vue de 2022. « Qu'un des types les plus structurés de la relève du PS en arrive à ça dit tout de leur déliquescence mentale et idéologique. Quand on lève l'ancre, on dérive vite et on dérive mal. Il n'y a plus d'ancrage[1] », se désole David Cormand en février 2022, entre deux visios au Parlement européen.

L'une des facettes du péché d'envie consiste à rabaisser les autres, même quand ils gagnent. Ce fut le cas au cours des élections intermédiaires des cinq dernières années. Implicitement ou ouvertement, les leaders de gauche ont utilisé ces

1. Entretien avec l'autrice, 28 février 2022.

scrutins (élections européennes, municipales et régionales) pour définir lequel d'entre eux détenait le leadership à gauche. N'ayant pas trouvé de leader naturel, chacun tentera d'utiliser la présidentielle de 2022 pour tenter de s'imposer pour la prochaine échéance. Une façon d'acter la défaite avant même qu'elle ne survienne, bien peu respectueuse des électeurs.

Première échéance après la victoire d'Emmanuel Macron : les européennes de 2019. Yannick Jadot fait une percée notable, avec 13,48 % des suffrages, quand ses camarades de gauche, du PS au PCF en passant par LFI, se partagent les miettes. 6,31 % pour LFI, un effondrement ; 6,19 % pour la liste de Raphaël Glucksmann, soutenue par le PS, une forme de maintien ; 2,49 % pour le PCF dont on disait qu'il ferait une percée. « Vous êtes sur France inter, il est 7 h 22, Olivier Faure, premier secrétaire du parti socialiste est notre invité, bonjour ! » Nous sommes au lendemain du scrutin. Le patron du PS n'a pas un mot pour les écolos. En revanche, il plaide pour le rassemblement. « L'argument des faibles », regrettera plus tard Elsa Faucillon, du parti communiste, sans penser à cet exemple. Elle observe que les hommes de gauche invoquent souvent le rassemblement quand ils sont en difficulté. Un mois après le vote, Olivier Faure s'agace publiquement des excès de zèle dont feraient preuve ses camarades écologistes. « Sans être désobligeant, les Verts ont fait 13 %, pas 35 ! Cette euphorie est assez déplacée. Ils devraient mesurer que l'arrogance n'est jamais bonne conseillère[1] », recommande le patron du PS dans *Le Monde*. Aucune conséquence tirée, en revanche, de l'émergence des écologistes, ici rabaissés. Olivier Faure oubliera deux ans plus tard de s'adresser ce conseil à lui-même, quand de meilleurs scores reviendront pour lui, à la marge.

Yannick Jadot n'écoute pas les critiques socialistes. Interrogé sur Public Sénat le 4 juillet, moins de trois semaines après cette pique qui lui est adressée, il ne cache plus sa grosse tête. « Je suis devenu une star parce que j'ai fait ce score-là, je n'ai pas fait ce score-là parce que j'étais une star », la formule est mal passée, même si c'est la journaliste qui lui a soufflé l'expression[2]. « Dès que les écologistes ont de l'ambition, d'un seul coup on aurait le melon. Je revendique pour les écologistes une extraordinaire ambition », poursuit-il dans la même interview. Trois ans plus tard, c'est la ruine : Yannick Jadot obtient 4,63 % des voix à la présidentielle de 2022.

1. Abel Mestre et Sylvia Zappi, « L'assurance de Yannick Jadot après les élections européennes irrite la gauche », *Le Monde*, 22 juin 2019.
2. « Hashtag l'émission », Public Sénat, 4 juillet 2021, présentée par Hélène Risser.

Seconde échéance intermédiaire du quinquennat Macron : les municipales de 2020. EELV fait une percée historique en remportant des villes aussi importantes que Lyon, Bordeaux, Annecy, Poitiers ou Strasbourg. Une première. Le symbole est immense, même si les écolos ont souvent conduit des listes d'union. Cette fois, ce sont eux les nouveaux maires. Autour de ce scrutin, le directeur de cabinet d'Olivier Faure, Carlos da Silva, convoque la presse au siège d'Ivry-sur-Seine, pour démontrer, graphiques, documents et PowerPoint à l'appui, qu'il n'y a pas de vague verte et que si les écolos remportent des villes, c'est surtout grâce à eux. C'est vrai à Besançon, Tours ou Lyon. L'inverse est vrai aussi : à Montpellier, Michaël Delafosse est élu grâce au soutien écolo. Il n'empêche, les écologistes impactent ce scrutin et font un grand pas dans leur histoire politique. Le péché d'envie consiste à ne pas le voir.

Le Roi est nu

Enfin, arrivent les régionales de 2021, dernier vote du quinquennat, celui qui en dira le plus long sur l'état du pays et des électeurs. Julien Bayou, le secrétaire national d'Europe Écologie Les Verts et tête de liste en Île-de-France, veut faire de ce scrutin la confirmation de son assise dans le paysage de gauche.

Deux mois avant, il mise sur « une ou deux régions écolos[1] ». Résultat : aucune région remportée, une abstention record. Lors de son allocution, au soir du second tour, il ne parle pas d'échec et ne reconnaît pas publiquement que l'objectif n'est pas atteint. Il s'en prend au gouvernement qui n'a pas assez promu les élections, à ses adversaires qui ont fait campagne sur la sécurité, « qui n'est pas une compétence de la région ». « Les écologistes ont progressé en voix et en pourcentage, passant de 8 à 13 % au premier tour », se félicite le patron des écolos. Ce serait presque un autosatisfecit : « Une analyse région par région démontre un enracinement de notre mouvement. » Il reconnaît quand même « un coup dur » pour sa liste d'union en Île-de-France mais n'a pas un mot pour les socialistes qui, eux, ont conservé leurs bastions et continuent à gouverner cinq régions sur treize dans l'Hexagone. Qui a le leadership de la gauche, alors ? Réponse de Julien Bayou : « Je constate que l'écologie est la seule force en dynamique. » Toujours cette bonne vieille pierre de l'envie : rabaisser les succès des autres. Et c'est l'aveuglement qui en découle.

Le philosophe anglais du XXe siècle Bertrand Russel définit l'envie comme « la plus importante

1. Romain Herreros, « Régionales : Julien Bayou mise sur "une ou plusieurs régions" pour EELV », *Le HuffPost*, 26 janvier 2021.

des causes du malheur moral ». Les mots de cet anticlérical proche des idées socialistes et libertaires s'appliquent bien aux régionales de 2021. Après une abstention record – qui atteint les 79 % chez les jeunes – le scrutin est sans consistance : aucune conquête en métropole, les sortants de tous bords reconduits. Il est très difficile d'en tirer des leçons politiques, si ce n'est la défaite des urnes, la bouderie généralisée, le signal clair et net des électeurs de leur fatigue, lassitude ou déprime démocratique. C'est de ce sujet dont il aurait fallu parler, car, in fine, personne n'a gagné. Au lieu de quoi, fort de la conservation de ses territoires socialistes, parfois conquis il y a près de deux décennies, Olivier Faure se pique d'une vidéo satisfaite. Tout sourire, face caméra, il s'approche d'un panneau d'affichage électoral et y écrit un grand « Merci » de la victoire au feutre rouge, avant de revenir devant la caméra et de lancer un clin d'œil pour murmurer, encore, « merci ».

À qui s'adresse-t-il? Aux adhérents du PS qui vieillissent et sont de plus en plus rares dans chaque fédération du pays? Ou à ses concurrents de gauche, dans une énième discussion entre dirigeants de partis à ciel ouvert alors que ceux-ci sont aussi vides que les urnes? C'est l'option retenue par plusieurs de nos interlocuteurs, y compris parmi ses proches. « Avec le recul, cette vidéo était sans doute maladroite, constate l'un de ses alliés en interne, un an plus tard. Le signal était clairement adressé aux écologistes. Ils avaient misé sur une ou deux régions gagnées, il n'en a rien été. » On en est là. On se scrute pour savoir qui aura la demi-miette laissée sur une table rase.

Au même moment, le pays se déconfine pour la troisième fois. Bercy ne pense qu'à une seule chose : faire consommer les Français. L'aviation est relancée, l'air de nouveau pollué, les salaires n'augmentent pas, sauf ceux des grands patrons et de certains cadres qui n'en profitent pas toujours à cause de leur burn-out, mais les socialistes et les écologistes pinaillent sur une demi-région. Le compte Twitter parodique Illuminati Reptilien reposte la vidéo d'Olivier Faure, mais sans pantalon. Sourire aux lèvres et cul nu, il traverse la pelouse sous l'œil amusé de 96 000 followers, un score plus haut que pour la vidéo initiale. Le roi est nu; les appareils, comme leur nom l'indique, aussi.

Depuis, Olivier Faure a repris des couleurs. Il est devenu la coqueluche des Insoumis et des partisans actifs de la gauche, notamment sur les réseaux sociaux. À l'estrade de la convention fondatrice de la Nupes, le 7 mai 2022, après l'accord historique entre les quatre partis, il est applaudi. Longuement. « Pendant longtemps, je me suis restreint », admet le patron du PS en juillet 2022, sur LCI. « Le moment est venu de dire les choses et d'affirmer ce que nous sommes. » Une nouvelle page s'est ouverte, loin, bien loin du péché d'envie.

Que dire des Insoumis qui, eux, ont sciemment décidé d'« enjamber » toutes les élections locales? Que ce fut sans nul doute un pari hasardeux. Comment diriger la France si on ne connaît pas ses recoins, si on ne se fait pas la main dans ses mairies et ses conseils départementaux? La politique, ça ne s'invente pas. Emmanuel Macron a donné des ailes à beaucoup, mais des succès comme le sien n'arrivent pas souvent, surtout quand il incarne l'une des dernières pierres du dégagisme ambiant.

Pire, sans se qualifier seuls à aucun second tour des régionales 2021, les Insoumis réussissent la prouesse de figurer au centre du jeu… des critiques. En Île-de-France, la fusion de liste au second tour entre le secrétaire national EELV Julien Bayou, la candidate du PS Audrey Pulvar et Clémentine Autain, députée insoumise, leur vaut toutes les attaques de la droite et de l'extrême droite. Sur les réseaux sociaux, on les qualifie d'« ennemis de la République », et Valérie Pécresse se pose en résistante à « l'islamogauchisme ». Il ne manquait plus que Manuel Valls et Jean-Paul Huchon, ancien président PS de la région Île-de-France, pour appeler à voter Valérie Pécresse et à faire « barrage » à la gauche à cause de son supposé manque de républicanisme... Si ces critiques sont souvent caricaturales, elles auraient dû sonner comme une alerte. C'est ainsi qu'ils seront dépeints s'ils font d'autres percées électorales. Il faut s'y préparer, travailler les questions régaliennes et pouvoir répliquer sur le fond. L'antiracisme ne suffira pas.

Envie... de droite

Il faut dire que la gauche a eu beaucoup envie... de droite ces dernières années. Peu après son vote pour Valérie Pécresse aux régionales, Manuel Valls se dit prêt à travailler pour elle si elle était présidente de la République. « À qui n'a-t-il pas fait d'offre de service ? » ironise Christophe Castaner, son ancien camarade du PS, soutien de la première heure d'Emmanuel Macron. En 2017, Manuel Valls a préféré au même moment concourir à la primaire du PS et des écologistes, avec François de Rugy et Benoît Hamon. On connaît la suite, les deux premiers rejoignent Emmanuel Macron alors qu'ils avaient signé « la charte de la primaire » pour soutenir le vainqueur. Le second quitte le PS pour fonder Génération·s, un mini-parti. Au PS, il ne reste rien. Les clivages politiques sont à terre, le président En Marche est loin d'être le seul responsable.

Entre 2012 et 2017, ministre de l'Intérieur puis Premier ministre de François Hollande, Manuel Valls a passé son quinquennat à reprendre les thématiques de la droite, voire de l'extrême droite. À peine arrivé place Beauvau, il s'en prend aux Roms qui « ont vocation à retourner en Roumanie ou en Bulgarie[1] ». Un an plus tard, c'est la politique du regroupement familial qui est dans son viseur car « la démographie est très importante en Afrique[2] ». C'en est trop pour Cécile Duflot. « Une ligne politique est franchie[3] », décrit-elle plusieurs années plus tard. Elle refuse d'être sa ministre et démissionne du gouvernement en 2014, quand Manuel Valls arrive à Matignon.

En 2015, après les attentats, la déchéance de nationalité est l'un des derniers marqueurs de la droitisation de l'État socialiste. François Hollande décide de maintenir la mesure qu'il a proposée en réponse aux attentats, alors que la polémique enfle au sein de son propre camp. Le premier secrétaire Jean-Christophe Cambadélis et le patron des députés socialistes Bruno Le Roux émettent des réserves. Cécile Duflot, devenue co-présidente

1. France Inter, 24 septembre 2013.
2. « Islam et immigration : Valls fait encore parler de lui », *Le Parisien*, 19 août 2013.
3. Entretien avec l'autrice, 18 janvier 2022.

du groupe écologiste à l'Assemblée nationale, s'y oppose publiquement et Benoît Hamon, député frondeur, fustige une mesure « inspirée par le Front national[1] ». Le Président ne lâche rien. Christiane Taubira, garde des Sceaux qui pensait que François Hollande allait y renoncer, démissionne dans la foulée, le 27 janvier 2016. La mesure ne verra finalement jamais le jour. Mais le stigmate est resté. « François Hollande propose la déchéance de nationalité parce qu'il veut que la droite l'applaudisse. J'ai reconnu tous ses réflexes de premier secrétaire. Il fait un congrès à Versailles comme il aurait fait un congrès du parti socialiste. Mais on ne joue pas avec les valeurs de la République. On ne fait pas ça quand on est président de la République », lâche Cécile Duflot en 2022.

En 2016, ce quinquennat achève sa droitisation par un double phénomène : la loi El Khomri qui affaiblit les droits des travailleurs au point de se mettre à dos la CFDT, compagnon syndical historique du parti socialiste, et la répression des manifestations dans la rue qui prend un tour nouveau, premier échelon de ce qu'on nommera plus tard les violences policières. Une pétition contre la loi

1. Arthur Nazaret, « Hamon : "Hollande propose une réforme de la Constitution inspirée et soutenue par le FN" », *Le JDD*, 26 décembre 2015.

Travail initiée par la féministe Caroline de Haas atteint le million de signataires ; la gauche contestataire s'oppose à la gauche de gouvernement. Des manifestants sont blessés. La rupture est consommée, pour longtemps.

En s'adonnant au péché d'envie – entre rabaissement des autres et jalousie –, la gauche finit par haïr et surtout par se haïr. Ce 13 janvier 2022, Yannick Jadot est enthousiaste. Ce ne sont pas les 6,5 % que lui accorde un sondage rolling Ifop[1] qui vont le décourager. Il est en déplacement à Grenoble, la ville de son ancien concurrent à la primaire Éric Piolle. Il défile avec les enseignants et critique le protocole gouvernemental dans les écoles, mais son message ne passe pas la frontière du département. En revanche, quand il pose tout sourire devant les caméras face aux montagnes enneigées, il ne peut retenir cette pique, inspirée par le soleil tombant à toute vitesse. « Ce décor rose vous est offert par Anne Hidalgo. Profitez-en, ça ne va plus durer très longtemps. » La blague est-elle nécessaire ? Zemmour est à 13,5 %, sa concurrente socialiste vient de tomber à 3 %. Pourquoi s'en prendre à elle ? Qu'ont-ils comme comptes à régler ?

1. Rolling Ifop-Fiducial pour *Paris Match*, LCI et Sud Radio, 13 janvier 2022.

La « primaire populaire » a bien tenté de les réunir. Elle avait ses défauts. Un scrutin bizarroïde et mal expliqué, des bénévoles peu au fait des pratiques politico-journalistiques, des raccourcis sur les convergences programmatiques, des vidéos qui viennent troubler le message… Mais quand même. En quelques mois, deux militants au chômage réunissent un collectif citoyen et amènent aux urnes électroniques près de 400 000 votants. Moqués, vilipendés, ils arrivent de loin en tête de toutes les primaires politiques de l'année. À la différence près que dans les dispositifs classiques, les personnalités sont d'accord pour participer, alors que la primaire populaire impose aux candidats d'être présents à un scrutin dont ils ne veulent pas. C'est bancal. Mais les chefs de gauche n'auraient-ils pas pu simplement tendre l'oreille ? Au lieu de prêter attention à cette gauche qui les suppliait de se réunir, ils ont préféré… l'insulter.

« Ce sont des gauchistes boutonneux[1] », ose le député socialiste David Habib, au micro de Radio J. Nous sommes le 15 décembre 2021. Anne Hidalgo est à 4 % dans les sondages, elle vient de faire la plus gigantesque volte-face de l'histoire politique

1. Réélu en 2022 comme dissident socialiste, il a refusé l'accord de la Nupes et siège avec les non inscrits à l'Assemblée nationale.

récente en disant « non » à la primaire populaire le matin du 9 décembre sur France 2, puis « oui », finalement, sur le plateau de TF1 le même soir. Incompréhensible. Dans ce contexte, cette insulte sonne à contre-courant. Comme si la gauche n'était pas assez en difficulté, David Habib en rajoute une couche sur les écolos qui « diabolisent les producteurs de foie gras », à propos de la décision du maire de Lyon, Grégory Doucet, de bannir le mets dans les réceptions de sa mairie. « Peut-être qu'il faudrait qu'il sorte un peu de sa mairie », lance-t-il à l'égard de l'écologiste, issu d'un parti pourtant partenaire du PS, à commencer par Paris, la ville de sa candidate et dans de nombreuses collectivités. Yannick Jadot est à 7 %, Zemmour à 15 %. Pas un mot contre le candidat d'extrême droite qui réalise l'un de ses meilleurs scores de la période, non, c'est la gauche qui est visée. Haine de soi, haine entre soi, haine des autres. Le triptyque est désastreux.

Pendant ce temps-là, leurs adversaires, eux, n'en finissent plus d'envahir les ondes. Ce même matin du 15 décembre, les électeurs de gauche ont entendu Barbara Pompili sur Radio J, Jordan Bardella sur CNews, Manuel Valls sur LCI ou Christian Estrosi sur RMC. Le lendemain, ils ont droit à Marlène Schiappa sur Public Sénat, Élisabeth Borne sur France 2, Jean-Michel Blanquer sur France info. Le 24 novembre, ils avaient déjà eu Édouard

Philippe sur RTL, Bruno Retailleau sur Sud Radio, Sébastien Chenu sur Public Sénat ou Éric Ciotti sur BFMTV. La gauche est inaudible à force de se taper dessus et de ne rien proposer. Elle disparaît progressivement du paysage et ne semble même pas s'en apercevoir.

Jean-Luc Mélenchon rêve de plusieurs choses depuis longtemps. Devenir président de la République – il a essayé pendant dix ans – mais surtout, et cela remonte à bien plus loin : remplacer le parti socialiste. Il y est parvenu – mais au prix de quels sacrifices pour le pays et les électeurs de gauche ? Ses mots à l'encontre de François Hollande tout au long de son parcours politique sont une sacrée démonstration du péché d'envie. C'est lui qui invente la formule « capitaine de pédalo » en 2011, qui restera. À l'époque, il a une campagne présidentielle à préparer et François Hollande s'apprête à être le candidat du PS. C'est le jeu. Mais plus tard ? En juin 2017, le PS est à terre. François Hollande n'a même pas pu se représenter ; Benoît Hamon a fait 6,36 % des voix. Quel besoin d'enfoncer le clou ? Au lieu de se projeter vers l'avenir et d'aller chercher les électeurs qui lui manquent, Jean-Luc Mélenchon attaque bille en tête son ennemi historique dans les colonnes de *Society*[1].

1. « Mélenchon, de bruit et de fureur », *Society*, 8 juin 2017.

François Hollande ? « Un pauvre type (...) La plus éminente médiocrité du PS des années 2000. » Puis, dans la même interview : « Le genre de gars qui devait arracher les ailes aux mouches quand il était gamin. » Se rend-il compte qu'il insulte au même moment une bonne partie des 18 millions d'électeurs de François Hollande en 2012 ? Aucune pitié pour un homme à terre, le dernier à avoir gouverné à gauche. Pourquoi ces mots si durs ? Sont-ils nécessaires ? Quel est l'objectif à part de se couper d'une partie – la plus à droite certes, et la moins déçue si elle existe encore – de l'électorat de 2012 que le socialiste avait réussi à siphonner et qui pourrait très bien lui revenir ? Aveuglement envieux. En 2022, Mélenchon siphonne à son tour le PS. Mais certains électeurs n'ont pas basculé. Trop radical pour eux. C'était écrit.

Les héritiers de François Hollande ne sont pas en reste. Dans la dernière ligne droite de la présidentielle 2022, en pleine guerre en Ukraine, loin de s'opposer à l'extrême droite qui monte sans jamais s'arrêter, Anne Hidalgo et Yannick Jadot ne tapent plus que sur le seul adversaire qui leur reste : Jean-Luc Mélenchon. Le 23 février 2022, un jour avant l'invasion russe menée par Vladimir Poutine, la socialiste jette dans le même sac l'Insoumis et l'extrême droite : « Le Pen, Zemmour et Mélenchon se font les complices des nationalistes agressifs et des impérialistes », pointe-t-elle dans une conférence de presse. Sur Sud Radio, le 7 mars, Yannick Jadot attaque le candidat en tête des intentions de vote de leur camp : « Tous ses grands discours sur la paix en citant le grand Jaurès pour masquer ses complaisances et sa capitulation face à une dictature, celle de Vladimir Poutine. » À un mois du premier tour, les mots sont durs. Ils disent aussi le clivage majeur qui sépare les deux camps sur les questions internationales. Les sociaux-démocrates veulent aider les Ukrainiens à tout prix ; Jean-Luc Mélenchon « regrette » la livraison d'armes aux Ukrainiens et défend sa position de « non-aligné ». Les premiers considèrent l'Otan comme indispensable dans la période ; le second veut en sortir assurément. La stratégie visait aussi à remonter dans les intentions de vote alors que la guerre occupe tous les esprits. Elle n'a pas fonctionné. Les mots sont restés et rendent difficilement compréhensible l'accord passé entre toutes ces formations après de telles invectives. Par chance pour leurs partis, Hidalgo et Jadot ne font pas partie des premiers signataires de l'accord de la Nupes. Les chefs de parti, Julien Bayou et Olivier Faure, au cœur des négociations, ont tout loisir de se dédouaner de propos qui n'ont pas été les leurs. La question ukrainienne sort de l'accord, pas les divisions intestines.

Jeune loup de Bercy

Pendant toutes ces années où la gauche s'écharpe en public et se divise en courants bientôt plus nombreux que ses électeurs, un homme sort du lot. Emmanuel Macron observe « avec un peu d'incrédulité les querelles d'ego nuire à la bataille des idées, les ambitions personnelles écraser les propositions sur les sujets qui traversent la société », rapporte son entourage, le 15 mars 2022.

D'ambitions, le jeune financier de trente-quatre ans qui fait son entrée à l'Élysée le 15 mai 2012 pour une mission de deux ans n'en manque pas. Ancien banquier chez Rothschild, doté d'un solide carnet d'adresses, il est l'homme idéal pour François Hollande et sa politique « pro business ». Quand la mission de deux ans s'achève, François Hollande le rattrape par la manche et le nomme ministre de l'Économie en août 2014. Ce n'est pas un hasard, il remplace Arnaud Montebourg jugé trop critique envers la politique de l'offre du gouvernement.

À Bercy, le jeune loup détonne. Souriant, costume cintré, langage inhabituel… Il devient très vite le chouchou des médias et… des députés socialistes. En deux mois, il transforme la loi de son prédécesseur « sur le pouvoir d'achat » en loi « pour la croissance ». Le ton est donné. À l'Assemblée, Macron veut rompre avec les habitudes. Il prend du temps avec les parlementaires, vérifie que les décrets d'application sont bien mis en œuvre, adopte un autre style et séduit. « Il est fascinant » se souvient Christophe Castaner, rapporteur d'un volet du texte de loi. Richard Ferrand assure le rôle de rapporteur général. Ils sont quelques députés socialistes à porter la loi Macron au Parlement. Ils s'entendent bien et sont sous le charme de leur ministre de l'Économie qui casse les codes d'un vieux monde en fin de vie au sein duquel ils sont si souvent méprisés. Une petite bande est née. « Ils reviennent de déjeuner avec des étoiles dans les yeux. Ils commencent à se relever les manches, à se faire pousser la barbe pour être plus cool, ils adoptent ses codes », observe à l'époque une petite main du Parlement qui les côtoie. Emmanuel Macron séduit une génération laissée pour compte par le parti socialiste qui n'a pas su les mettre en avant. Il apporte une touche de fraîcheur et de modernité perdue. Il fait envie.

Et les ralliements se comptent à la pelle. Gabriel Attal, conseiller parlementaire de Marisol Touraine, devient porte-parole du gouvernement. Olivier Dussopt, fils d'ouvrier, proche de Martine Aubry, ministre du Budget. Ils ont pourtant failli en venir aux mains à l'Assemblée nationale quand Emmanuel Macron traite les ouvrières de l'usine

Gad d'« illettrées[1] ». « Ma mère est ouvrière, vous l'avez insultée ce matin », lui lance le député d'alors. Emmanuel Macron leur présente ses excuses quatre mois plus tard. C'est pardonné. Olivier Véran, député socialiste de l'Isère, médecin de formation, travailleur, jamais entré au gouvernement ? Ministre de la Santé en 2020. « Il a récupéré les plus nuls, ceux qui n'avaient pas de place », relativise le soutien de Mélenchon Gérard Miller, qui en veut surtout à Christophe Castaner pour son action « impardonnable » au ministère de l'Intérieur pendant la crise des Gilets jaunes. « J'espère que dans sa tombe, comme dans le mythe repris par Victor Hugo de Caïn et Abel, il aura un œil qui le regardera. Celui qu'il a fait crever à tellement de gens[2]. » « Jamais sur une période aussi courte il n'y a eu une telle intensité de violence d'ordre public, bien supérieure à mai 68, et les forces de sécurité intérieure ont fait face », répond à distance l'intéressé. Irréconciliables.

Un scout et son orangeade

L'arrivée de dirigeants et d'électeurs socialistes dans le giron d'Emmanuel Macron, lui-même

1. Europe 1, 17 septembre 2014.
2. Entretien avec l'autrice, 25 février 2022.

ministre de François Hollande, n'est que la continuité idéologique d'une dérive à tribord commencée en 2012. Pour ceux qui, au sein du PS, défendent depuis des années l'économie de marché et l'adaptation de la France à la mondialisation, elle a au moins le mérite de la clarté. En rocardien de toujours, Christophe Castaner est comme un poisson dans l'eau dans le gouvernement Macron. Il dresse un tableau sévère de son ancien parti, même si parfois, il dit « nous » pour le décrire, comme si les liens n'étaient pas encore totalement coupés ou qu'il était simplement dur d'oublier une vie de militantisme. « La gauche se plaît dans l'idéal et a peur du réel. Quand elle est au pouvoir elle doit gérer et ensuite elle n'assume pas. On réinvente le monde, on écrit des livres, on déclame de belles paroles, mais quand il faut descendre dans le réel il n'y a plus personne[1] », pointe le patron des députés En Marche qui était un député inconnu sous François Hollande et qui murmurait ensuite à l'oreille du Président. Comme son ami Richard Ferrand. Tous deux ont été battus aux législatives de 2022.

« J'ai quitté un parti qui était dysfonctionnel, je constate qu'il est désormais moribond. » Olivier Véran dresse à peu près le même tableau du PS à la fin de l'année 2021. Devant un carpaccio de

1. Entretien avec l'autrice, 26 janvier 2022.

Saint-Jacques dans la salle à manger de son ministère avenue de Ségur qui donne sur la tour Eiffel, il vante ainsi l'action du gouvernement : « En bien des aspects, le bilan social d'Emmanuel Macron surclasse celui de François Hollande : remboursement des lunettes et des prothèses dentaires, plan pauvreté, dédoublement des classes en quartier populaire, hausse des minima sociaux. C'est aussi pour cela que les électeurs de gauche de 2017 sont restés », assure le ministre de la Santé d'alors. En privé, il ne cache pas ses oppositions fréquentes avec certains ténors de droite, comme Gérald Darmanin, qui occupent une place de choix en Macronie, mais semble à l'aise politiquement.

De nombreux anciens strauss-kahniens comme Ismaël Emelien ou Sibeth Ndiaye ont rejoint le cercle de ces nouveaux socialistes macronisés. « J'en croise beaucoup parmi les militants », confirme le ministre de la Santé qui n'est pas tendre avec ses anciens amis. « À force de s'opposer à tout depuis cinq ans, le PS finit par s'opposer aux Français. Ils ont voté contre le Ségur de la Santé, contre le "quoi qu'il en coûte", et contre la garantie jeune. Quand j'étais député socialiste, j'aurais rêvé de voter ce genre de texte », enfonce-t-il. La marque Macron a dépoussiéré le genre. « Sous François Hollande, on me regardait avec un peu de peine sur les marchés quand je distribuais des tracts, comme un scout qui a fait une orangeade, se souvient-il en 2021. Aujourd'hui, il y a une frange haineuse dans le pays, mais quand je me déplace, la confiance est là et l'accueil est très bon. Parce que nous sommes jugés crédibles. » La gauche s'épanouit plus qu'avant. Emmanuel Macron a rallumé la flamme. Il leur a redonné… l'envie d'avoir envie.

L'AVARICE

Avarice : attachement excessif aux richesses, vice de l'avare[1].

1. Centre national de ressources textuelles et lexicales (CNRTL).

Quand je me suis rendue dans des fédérations socialistes en 2018, un an après le renoncement de François Hollande et la défaite de Benoît Hamon, j'ai trouvé des organisations en piteux état. Quelques militants, souvent très âgés, déprimés par la séquence qu'ils venaient de vivre. Certaines fédérations ont alors décidé de dresser l'inventaire du quinquennat, pour tirer les leçons avec les socialistes de chaque département. Une façon d'avancer et de solder ensemble un passé difficile à avaler, alors que les instances nationales du parti tardaient à le faire. J'assiste alors à des séances qui ressemblent à des cercles de parole pour alcooliques anonymes. Des chaises vides, des visages préoccupés, peu d'enthousiasme, mais un vif besoin de comprendre et une envie de se remettre au travail. À chaque fois, quand les mots « inventaire » ou « François Hollande » émergent, c'est « l'affaire Cahuzac » et « la loi Travail » qui reviennent. La déception se voit sur les visages des militants. Ils ont du mal à pardonner… ces deux histoires de gros sous.

La première est le point noir du quinquennat, celle qui fait vaciller, dès 2013, la « république exemplaire » que François Hollande avait promise durant sa campagne, un an plus tôt. Un ministre du budget chargé de la lutte contre la fraude fiscale échappe au fisc… Netflix n'aurait pas osé l'inventer. Si certains évoquent un « cas isolé », nous verrons qu'il n'est pas si seul, même si le Président de l'époque, François Hollande, subit cette crise plus qu'il ne la provoque. En revanche, la loi Travail, ainsi que le CICE (crédit d'impôt pour la compétitivité et l'emploi), dispositif d'aides aux entreprises sans contrepartie, sont bien le fruit de l'action du dernier Président socialiste. Des cadeaux jugés bien trop généreux pour les entreprises, à rebours de la culture socialiste censée défendre les ouvriers et les plus fragiles. Dans le roman de Balzac *Eugénie Grandet*, le père de l'héroïne, Félix Grandet, est le prototype de l'avare au XIXe siècle. Plus il accumule, plus il devient méchant. Pire, plus il est riche, moins il dépense. Toutes choses égales par ailleurs, François Hollande a parfois pris des airs du père Grandet en aidant les entreprises du pays qui n'en demandaient pas tant.

Au VIe siècle, quand le pape Grégoire le Grand actualise les sept péchés capitaux, il insiste sur l'avarice car elle entraîne systématiquement d'autres vices : « la trahison, la fraude, la tromperie, le parjure, l'inquiétude, la violence et la dureté du cœur », « les sept filles de l'avarice », précise Éric-Emmanuel Schmitt, dans une série d'été du *Figaro*[1].

L'affaire Cahuzac coche presque toutes ces cases. Dans un double mouvement, le ministre du Budget de François Hollande de 2012 à 2013 commet le péché d'avarice en se soustrayant aux impôts et trahit son camp et son pays par des mensonges à répétition. Devant la représentation nationale, dans les médias, il s'acharne à nier le péché. Loin d'abréger les souffrances de son parti, la séquence dure des semaines. Elle est interminable. « C'est une impardonnable faute morale », conclut le président de la République, devant le fait accompli.

Une faute et une trahison pour François Hollande, pour ses anciens collègues de l'Assemblée, pour l'ensemble du parti socialiste et pour tous ceux qui font simplement confiance à l'État et à ses représentants.

À gauche, le choc est d'autant plus profond que Jérôme Cahuzac est une figure appréciée de la commission des Finances de l'Assemblée nationale.

1. Jean-Christophe Buisson, « Éric-Emmanuel Schmitt : "L'avarice est un refus de la condition humaine" », *Le Figaro*, 15 juillet 2011.

Craint, adulé, respecté, sur tous les bancs, on admire ce chirurgien de formation, qui connaît ses dossiers sur le bout des doigts tout en se permettant des pirouettes politiques pour attaquer la droite. « On adorait tous Cahuzac », confesse Christophe Castaner, près de dix ans après les faits. L'ancien député socialiste devenu macroniste dit avoir gardé le petit mot qu'il lui avait envoyé, dans la tourmente. « C'est un vrai sujet, mais si c'est faux je te soutiendrai. » Réponse de Jérôme Cahuzac, selon Castaner : « Tout est faux. » Cahuzac n'a « aucun souvenir d'un quelconque échange avec Castaner sur ce triste sujet ou sur un autre. »

Cadeau de Noël

L'affaire qui dure de décembre 2012 à janvier 2013, comme un mauvais cadeau de Noël, tombe au pire moment. Le « ras-le-bol fiscal » commence à se faire entendre dans le pays. Les hausses d'impôts décidées par François Hollande et Jean-Marc Ayrault à l'été 2012 mordent sur les revenus des ménages. Les Français ne s'y trompent pas et consacrent « ras-le-bol » mot de l'année 2013, selon une étude de Kantar et Médiascopie pour *Le Figaro*[1].

1. Albert Zennou, « Pour les Français, "ras-le-bol" est le mot de l'année 2013 », *Le Figaro*, 14 janvier 2014.

La fiscalité, leur situation sociale et l'extrême droite qui monte inlassablement font partie des raisons invoquées. Les Français en ont surtout ras le bol des socialistes au pouvoir.

Un an plus tard, François Hollande n'a pas le temps de s'en remettre qu'un nouveau péché d'avarice frappe à sa porte. Une affaire vient cette fois percuter directement le palais présidentiel. Celui qui répond le plus au péché d'avarice s'appelle Aquilino Morelle, conseiller de François Hollande à l'Élysée, plutôt à la gauche du parti, ancien proche d'Arnaud Montebourg.

Mediapart révèle un conflit d'intérêts avec un laboratoire pharmaceutique quand Aquilino Morelle travaillait à l'Inspection générale des affaires sociales (IGAS). Ce qui heurte l'opinion, c'est surtout son comportement de « petit marquis » décrit par le site d'investigation[1]. Le conseiller élyséen, lunettes rondes et allure impeccable, fait cirer ses trente paires de chaussures de luxe dans un salon du Palais qu'il privatise pour l'occasion. Au Moyen-Âge, l'avarice ou la cupidité se manifeste par « la jouissance de la possession ». Ça y ressemble. Il démissionne le 18 avril 2014 et clame son innocence sur l'affaire du conflit d'intérêts. Cette dernière est classée sans

1. Michael Hajdenberg, « Les folies du conseiller de François Hollande », *Mediapart*, 17 avril 2014.

suite un an plus tard, mais l'embourgeoisement de la gauche est acté.

Et ce n'est pas fini. En septembre 2014, c'est Thomas Thévenoud, trente-neuf ans, tout juste nommé secrétaire d'État au commerce extérieur, qui démissionne neuf jours après son entrée au gouvernement pour « raisons fiscales ». Il n'a pas payé ses impôts pendant plusieurs années et a dû payer des amendes pour ses retards. Un an et demi seulement après le coup de tonnerre Cahuzac, la découverte fait tache d'huile. La presse se met sur le coup et s'aperçoit que ce sont aussi ses loyers (*Le Canard enchaîné)*, ses factures EDF (*L'Express*), ses amendes de stationnement (*Le Parisien*), le kiné de ses filles (*Le Journal de Saône-et-Loire*) et leur cantine qu'il a oublié de payer. Même en pleine tempête, l'avarice n'est jamais loin. Le 12 septembre, dix jours après sa démission, Thomas Thévenoud dépose l'expression « phobie administrative » qu'il a inventée pour se défendre à l'Institut national de la propriété intellectuelle… On ne sait jamais! Loin de s'arrêter là, il se paie ensuite le luxe d'en tirer un livre *Une phobie française*[1], rare contribution au débat public. L'expression reste dans le langage commun. Pas la rancœur des électeurs. Incarnation d'une relève socialiste faite de jeunes

1. Thomas Thévenoud, *Une phobie française*, Grasset, 2016.

pousses nées du quinquennat Hollande, il entraîne avec lui ceux qui devaient prendre la suite. Après sa sortie du gouvernement, il retrouve tranquillement son siège de député et n'en démissionne pas. À l'époque, la question bruisse dans tout le Palais Bourbon : va-t-il démissionner ? Pourquoi reste-t-il à l'Assemblée nationale, malgré le scandale ? L'opinion publique est vent debout, pas ses collègues du PS. Réponse d'un député socialiste du même âge, lui aussi du cru 2012 : « Il faut bien qu'il bouffe, il a deux gamines à nourrir. » L'avarice a touché toutes les générations de socialistes. Ils ont perdu le fil avec les électeurs qui, eux, ont réellement des problèmes pour nourrir leurs enfants.

François Hollande n'en a pas fini avec les avares de son parti qui le poursuivent tout au long de son mandat. Bruno Le Roux, nommé fin 2016 ministre de l'Intérieur, est contraint de démissionner en pleine campagne électorale de Benoît Hamon en 2017. *Quotidien* révèle que Bruno Le Roux, quand il était député socialiste, rémunérait ses filles de quinze et seize ans avec les deniers du Parlement pour un montant total de 55 000 euros. L'émission dévoile plus de vingt contrats d'assistantes parlementaires, alors qu'elles n'étaient parfois même pas présentes à l'Assemblée, occupées par des activités universitaires ou des stages dans d'autres structures. Le Roux démissionne en 2017. Jusqu'au bout du quinquennat, François Hollande est secoué par des problèmes d'argent.

On pourrait considérer ces affaires comme des cas isolés, des moutons noirs. Mais elles ne sont pas nouvelles au parti de Jean Jaurès qui s'est progressivement éloigné de la redistribution des richesses pour se concentrer sur les siennes.

Déjà, en 1999, le ministre de l'Économie, Dominique Strauss-Kahn, est contraint de démissionner du gouvernement de Lionel Jospin, à cause de l'affaire de la Mnef, du nom de cette mutuelle étudiante qui servait à financer des organisations politiques. Jean-Christophe Cambadélis écope d'une condamnation dans ce dossier en 2006 pour « recel d'abus de confiance ».

Plus tôt, en 1993, la déroute socialiste aux législatives est « une défaite morale » a coutume de dire Julien Dray, en raison des affaires qui marquent le second septennat de François Mitterrand. Henri Emmanuelli est inculpé dans l'affaire Urba sur le financement occulte du parti socialiste en septembre 1992 dans laquelle il sera condamné des années plus tard. Le parti socialiste perd 200 sièges à l'Assemblée nationale pour n'en conserver qu'une cinquantaine. À trop se détourner des catégories populaires qui ont justifié sa naissance, le parti socialiste plonge dans une longue déliquescence. « Cahuzac, c'est le Tartuffe absolu, mais heureusement, il n'y en a pas beaucoup des comme lui », veut croire Sophie Taillé-Polian, députée écologiste qui a fait toutes ses classes au PS. « Les affaires de financement de partis sont différentes, car il n'y avait pas de loi sur le sujet à l'époque[1] », tenterait presque de justifier l'ex-sénatrice qui rappelle que « le RPR n'était pas en reste sur le sujet ».

En effet, ces abus ne sont pas imputables seulement à la gauche, et il est probable qu'on se souvienne de la fin de la Ve République comme d'une période de fin de règne, marquée par les affaires de tous bords. Mais, lestée des valeurs qu'elle incarne, la gauche n'a pas le droit à l'erreur sur le sujet de l'argent. Elle a promis la redistribution, l'égalité, la pensée collective. Elle ne peut pas tolérer la négation des règles, les cadeaux aux plus riches. À cause de cette promesse morale, celle d'être aux côtés de la veuve et de l'orphelin, on lui pardonne moins qu'à la droite. En 2017, l'électorat ne s'y trompe pas. François Hollande ne peut pas se représenter.

Ce qui serait presque injuste, c'est que pendant toutes ces années, François Hollande lui-même n'a jamais été cité, ni de près ni de loin, dans la

1. Entretien avec l'autrice, 3 février 2022.

moindre affaire financière. Il s'est évertué au contraire à limiter les frais et les abus. Il crée le Parquet national financier contre la corruption en février 2014, renonce aux avions présidentiels pour partir en vacances en train, dès le premier été de son élection, en 2012. Cela lui est reproché pour des raisons de sécurité et… de coûts : le train est plus cher que l'avion. L'écologie n'est pas encore dans toutes les têtes. Le « président normal » habite dans un appartement « normal » du 15e arrondissement de Paris. Il sera ensuite contraint d'habiter l'Élysée.

Gauche caviar

Quand j'arrive dans l'immense bureau du psychanalyste Gérard Miller, la première pensée qui me vient à l'esprit est « gauche caviar ». J'ai entendu ça toute mon enfance, comme si être de gauche et avoir de l'argent était incompatible. C'est faux depuis Hugo et Jaurès, je le sais, je l'ai déconstruit. Mais en arrivant dans cette immense maison du 11e arrondissement de Paris, double étage et double sonnette pour l'entendre dans chaque recoin, c'est le seul mot qui me vient. Le bureau est splendide. En bois, des tons de violet, un divan, évidemment. Il est slim dans un jean slim, le visage plutôt doux et souriant. Il s'en veut d'avoir « tapé sur des cocos » dans sa jeunesse. Il a des chats, comment a-t-il pu taper quelqu'un ? Il est très en colère contre le quinquennat de François Hollande. Il en veut à Manuel Valls et à Emmanuel Macron, « les deux visages du socialisme monstrueux » qui l'empêchent à tout jamais de revoter PS, lui qui a « voté Mitterrand deux fois ». Et pourtant, dans cette litanie de critiques, il trouve un mot doux pour François Hollande : « Je sais ce qu'on peut dire de positif : il n'a pas volé dans la caisse, il n'a pas d'affaires. » La bienveillance ne dure pas longtemps, le bilan de son action ne passe pas : « Il n'empêche, François Hollande est le fossoyeur. C'est lui qui jette la dernière pelletée de terre. »

Le péché originel de François Hollande est un péché d'avarice. Avant son élection, il promet de tordre le cou aux puissances de l'argent et de se battre contre son « adversaire, la finance ». Une fois élu, il lui déroule le tapis rouge. Soutenue par le Medef, la loi Travail de la ministre Myriam El Khomri en 2016 se veut une forme de « fléxi-sécurité » à la française. Facilitation des licenciements, plafonnement des indemnités prud'homales, possibilité de réduction des rémunérations des heures supplémentaires… L'entreprise est gagnante, le salarié moins. À rebours de la philosophie qui a guidé le parti socialiste depuis sa fondation. On est loin des 35 heures, de la cinquième semaine de congés payés et du Front populaire. Alors que la gauche au pouvoir se perd sur des histoires d'argent, la gauche dans la rue proteste contre un gouvernement socialiste.

Comme Harpagon qui n'a d'yeux que pour sa cassette dans *L'Avare* de Molière, François Hollande à l'Élysée n'a plus que les chiffres, les taux et les courbes en tête. Candidat, il promet « d'inverser la courbe du chômage » mais n'y parvient pas en 2016. Il acte son échec en ces termes : « Je croyais que la croissance serait de 0,7-0,8, elle sera de 0,1 ou de 0,2[1]. » Des chiffres, des chiffres, toujours des chiffres, on s'éloigne de l'essentiel. « Je n'ai pas eu de bol », en conclut le Président sortant. Il n'y a plus de récit socialiste. Au même moment, son jeune ministre de l'Économie qui deviendra président à sa place espère que « des jeunes Français aient envie de devenir milliardaires ». Ils n'ont plus que ça à la bouche, les euros, les millions, les milliards. La baisse du déficit public et la recherche du profit à tout prix ont remplacé les idéaux.

Beau paradoxe, c'est Aquilino Morelle qui parle beaucoup de la conversion de la gauche aux politiques d'austérité. Dans un ouvrage au titre

1. Karim Rissouli et Antonin André, *Conversations privées avec le Président*, Albin Michel, 2016.

évocateur, *L'Opium des élites*[1], où il n'est pas fait mention de ses chaussures, l'ancien conseiller de François Hollande foudroie son parti sur l'autel de l'avarice. Selon lui, le tournant de la rigueur de François Mitterrand ne lui a pas été imposé par les circonstances économiques, mais a été appliqué à dessein par l'ancien Président. La preuve en serait le traité de Maastricht de 1992 qui établit des critères stricts pour limiter les dépenses sociales, soutenu et adopté par François Mitterrand. Le référendum de 2005 sur le traité constitutionnel européen, qui poursuit l'objectif de maîtrise des dépenses, fait un travail de clarification à gauche entre ceux qui y sont favorables et les autres. Socialistes et écologistes se déchirent en interne sur le vote à adopter. Les divisions à gauche se cristallisent sur la question des économies pour ne plus jamais s'arrêter. C'est ce jour-là que Jean-Luc Mélenchon décide de faire scission et de quitter le PS qui l'a nourri pendant trente ans. « Il a son *rebirth*, sa renaissance, comme disent les Américains pour définir les alcooliques qui décident de ne plus boire, décrit Gérard Miller. Dans le monde catholique on dirait "touché par la grâce". Il est à un meeting, en costume, il voit les gens dans la salle, le peuple, il se rend compte qu'il est du côté des olibrius qui s'apprêtent à voter oui.

1. Aquilino Morelle, *L'Opium des élites. Comment on a défait la France sans faire l'Europe*, Grasset, 2021.

Il faut qu'il change de peau. » Le reste est connu : Jean-Luc Mélenchon émerge sur les ruines du parti socialiste, essentiellement sur les questions économique et sociale. Les Français ont envie de plus de générosité pour leurs services publics, leurs retraites, leurs biens essentiels. Jean-Luc Mélenchon saisit le moment où l'opinion ne veut plus des années d'avarice qui transforment leurs élus en gestionnaires.

Harpagon

Des problèmes financiers, Europe Écologie Les Verts en a souvent connu. En 2015, ils sont contraints de vendre leur siège de la Chocolaterie du 10e arrondissement de Paris. Officiellement, il est « inadapté et trop grand. On n'arrive pas à le chauffer », expliquait Barbara Pompili, qui a depuis rejoint Emmanuel Macron. « Il y avait des fuites, on ne pouvait même plus payer les plombiers », se souvient surtout un permanent des années plus tard. En 2022, le candidat Yannick Jadot n'atteint pas la barre des 5 %. Nouveaux problèmes d'argent. Dès le soir du premier tour, il demande à tous ses partisans de « faire un don pour soutenir l'écologie ». Ils ont besoin de 2 millions d'euros. Non contents d'avoir perdu, ils font l'aumône aux électeurs qui ne sont pas pour grand-chose dans leur échec. Ne serait-ce pas plutôt aux partis politiques d'aider les gens à aller mieux ? Une forme d'indécence. Et surtout, qui peut faire confiance à un parti qui ne sait pas gérer ses propres finances ? La maturité passe aussi par là. Le cercle vertueux de gagner les élections pour obtenir des financements publics ne semble pas encore avoir atteint le logiciel vert. Accepter les règles du jeu ou être condamné à l'inaction climatique… Il faut choisir.

Ainsi, à trop s'occuper de serrer les boulons, la gauche s'est coupée de l'essentiel : son électorat. Les deux présidents socialistes successifs de la Cour des comptes incarnent à leur façon l'intégration de l'austérité par la gauche de gouvernement. Chaque année au Palais Cambon, les magistrats financiers du pays remettent leur rapport annuel. L'occasion d'une conférence de presse à laquelle j'ai souvent assisté. Il y avait toujours quelque chose de déprimant à écouter le visage triste de Didier Migaud, premier président socialiste de la Cour de 2010 à 2020, énumérer les secteurs qui devaient restreindre leur train de vie. Un coup le cinéma, une autre fois la SNCF, souvent les aides sociales… Tout le monde doit faire des efforts, sauf eux ! me disais-je à chaque fois. Il est assez cocasse d'entendre des injonctions à devoir se serrer la ceinture par une assemblée de fonctionnaires, jamais inquiétés, eux, pour leur avenir professionnel, payés 4 000 euros en début de carrière et jusqu'à 8 000 en vieillissant.

14 500 pour son président, l'un des plus beaux salaires du secteur.

Même après un an de pandémie, Pierre Moscovici, ancien ministre socialiste de l'Économie et nouveau président de la Cour des comptes, estime, en 2021, qu'il faut « absolument maîtriser les dépenses de santé[1] ». Il assure ne pas prôner l'austérité, mais le vocabulaire semble en décalage avec la période qui nous a montré l'importance des dépenses hospitalières. Finalement, c'est Emmanuel Macron, incarnation du libéralisme en début de mandat, qui, ironie de l'histoire, fait sauter toutes les barrières de rigueur avec un « quoi qu'il en coûte » démesuré et 100 milliards d'euros d'investissement pour l'avenir. Une politique keynésienne que les socialistes n'assumaient plus. C'est l'arroseur arrosé. Emmanuel Macron les a battus sur leur droite en 2017, il les prend sur leur gauche en 2022. Les socialistes sont écrabouillés.

À gauche du PS, Jean-Luc Mélenchon est en train de remporter son pari (et son obsession) : « remplacer le PS ». Il ferait bien, en revanche, de se souvenir que les problèmes de son ancienne famille

1. « Pierre Moscovici : “La France a reculé sur le plan industriel mais elle n'est pas en déclin” », France inter, L'invité de 8 h 20, le grand entretien, 14 décembre 2021.

ont débuté par des affaires de financement de partis qui semblaient à l'époque sinon banales, au moins audibles. Comme aujourd'hui avec les affaires des assistants parlementaires européens qui touchent le RN, le MoDem, et LFI, on relativise en disant « tous les partis font ça ». Méfiance. Outre cette affaire qui lui a valu une partie des perquisitions spectacles de 2018, la justice enquête sur le financement de sa campagne en 2017. Dans son viseur, de possibles surfacturations de Médiascop, l'entreprise de Sophia Chikirou, qui gère la communication de Jean-Luc Mélenchon. Là non plus, rien n'est encore jugé, mais la cellule d'investigation de Radio France a fait de drôles de trouvailles en 2018[1]. Sur les factures de cette entreprise adressées au candidat Mélenchon, des chiffres salés pour des prestations simples. 200 euros la minute pour un sous-titrage de vidéo, 250 euros HT pour la publication d'un discours sur le réseau social SoundClound. Si la cheffe d'entreprise s'est défendue de toute surfacturation, le soupçon est là. Le député Bastien Lachaud, trésorier de l'association l'Ère du peuple, proche du parti, est mis en examen dans cette affaire des comptes de campagne de 2017. Que se serait-il passé pour

1. Sylvain Tronchet, « Comptes de campagne : Sophia Chikirou, la chère communicante de Jean-Luc Mélenchon », cellule d'investigation de France Info, 19 octobre 2018.

celui qui est souvent cité comme possible ministre si Jean-Luc Mélenchon avait été élu président, lui qui ne croule pas sous les cadres ? Serait-il quand même entré au gouvernement ? L'épreuve du pouvoir abîme forcément, on le sait depuis Machiavel. Il faut donc être particulièrement vigilant dans la montée des marches.

Fausses cartes et corruption

Car le risque ensuite est de s'y habituer. En 2011, à Sciences Po Lille où je suis étudiante en master de journalisme, on reçoit la visite de Gilles Pargneaux. Baron local du PS, tenant de la fédération du Nord pendant des années, porte-flingue de Martine Aubry. Il nous fait un exposé sur sa vie, son œuvre et on doit ensuite l'interviewer. Le seul moment où il s'anime, c'est quand il parle du congrès de Reims, en 2008, où la triche est légion entre les camps de Ségolène Royal et de Martine Aubry qui veulent présider le parti. « Il y a eu tellement de triches ici, qu'on a eu toute la presse ! Europe 1, TF1, ils étaient tous là ! » Il est content. Ça triche, et il est content. À la lumière de ce souvenir, je me demande si celui qui a désormais rejoint La République en marche ne faisait pas exprès pour nous apprendre à être journalistes. Ça a bien fonctionné, il m'a révoltée. En réalité, je suis persuadée qu'il était tout à fait sincère. Le PS tient sur une rente, me dis-je à ce moment-là. Le Sénat, les régions, les villes et les départements. La France est rose. Mais comme un mauvais gestionnaire qui se trompe de placement, comme Picsou sur son tas d'or, il ne voit pas que le monde change autour de lui. L'avare ne veut pas mourir pour ne pas avoir à transmettre son héritage. Il jouit de tout garder pour lui. C'est exactement le sentiment que m'a donné Gilles Pargneaux ce jour-là : à moi la gloire et le reste attendra.

Des fraudes lors des congrès, des urnes bourrées, des fausses cartes d'adhésion… Le PS a accumulé au fil du temps les clichés d'une structure magouilleuse. La série *Baron noir* s'en est fait l'écho pour le Nord, mais les arrangements vont parfois bien au-delà. Les affaires de clientélisme qui ont embarrassé le parti socialiste des Bouches-du-Rhône et son leader de toujours Jean-Noël Guérini ont coûté cher au parti de Jaurès. « On va nettoyer les écuries d'Augias », déclarait encore Olivier Faure en se rendant dans cette fédération en 2018. C'est dire le temps qu'il faut pour se débarrasser de mauvaises habitudes. En 2021, après onze années d'enquête, Jean-Noël Guérini est condamné à trois ans de prison et cinq d'inéligibilité pour favoritisme envers son frère dans l'affaire des déchets marseillais.

« Bien sûr que les fraudes au congrès me choquaient déjà. J'ai assisté à de ces trucs plus jeune… Oui ça faisait partie du folklore, mais maintenant il faut arrêter. C'est pathétique », réagit, en 2021, Sophie Taillé-Polian, militante depuis des années au PS et pilier de la campagne de Yannick Jadot en 2022.

Olivier Faure raconte que, quand il était plus jeune, il ne savait pas exactement ce qui se passait dans les sections qui trichaient, sauf peut-être dans l'Essonne. La banlieue parisienne qui a vu éclore Manuel Valls, Julien Dray, Jean-Luc Mélenchon et d'autres avait « cette réputation » de fabriquer des fausses cartes pour tenter d'influencer les votes internes et de progresser dans l'appareil. « La tradition de la fédération de l'Essonne, c'étaient pas les fausses cartes car tous les courants se contrôlaient. S'il y avait du clientélisme, il était à notre réelle activité de terrain et les gens voulaient soutenir ceux qui se battaient pour eux », évacue Julien Dray. Un éléphant ça trompe énormément… Ce qui faisait partie du décorum des années 1990 et 2000 à gauche, chroniqué à qui mieux mieux dans les médias, a laissé des traces.

Aristote et Dante, toujours à l'unisson, condamnent aussi bien l'avarice que la trop grande générosité. Ils renvoient dos à dos les deux excès.

Et des excès, il y en a eu au parti socialiste. « Si l'on remonte à 2012, les précédentes directions ont beaucoup dépensé. On payait les avions des ministres pour des déplacements de campagne par exemple, chose qu'on ne ferait plus aujourd'hui[1] », commente Olivier Faure à propos de ses prédécesseurs. « Et des sondages, on en a sacrément commandé au PS... Sans parler de tous ceux qu'on recasait à Solférino quand ils perdaient leur job », ajoute un habitué. « Il y a des dettes qui s'accumulent et que personne n'absorbe jamais. Quand je prends mes fonctions en 2018, il reste un découvert de 6 millions d'euros que l'on découvre », se plaint l'actuel premier secrétaire. Son prédécesseur, Jean-Christophe Cambadélis, premier secrétaire de 2014 à 2017, se défend en ces termes : « On est surtout passé de 85 000 adhérents en 2016 à 30 000 en 2021. Je n'impute la faute à personne, mais on a eu une hémorragie militante et financière... » Les socialistes ont flambé, trop sûrs d'eux, en déployant des moyens pour conserver intacte la maison. Hélas, ça n'a pas suffi. La cigale a dû rembourser. Un plan social est réalisé fin 2017 : de 120 permanents, ils ne se retrouvent plus qu'à une trentaine. Le PS licencie ses propres troupes, le signal est cruel. Mais il ne s'arrête pas là. La décision de vendre l'immeuble historique du parti, acquis par François Mitterrand pour sa campagne victorieuse

1. Entretien avec l'autrice, 10 mars 2022.

de 1981, donne une autre symbolique à la période. Le 10 rue de Solférino est cédé à une marque de luxe. Les socialistes désertent le lieu des victoires. Pour des raisons d'économies, le parti s'installe à Ivry-sur-Seine, ville communiste de la banlieue parisienne « inaccessible » et « loin des studios de télévision », selon de nombreux cadres qui prédisent : « Personne n'ira. » En effet. La pandémie a généralisé les visios, la coutume est restée. Il n'y a plus d'envie de se retrouver. Sauf… en mai 2022. L'accord scellé avec Jean-Luc Mélenchon redonne une forme de vie au lieu. Les caméras y vont pour certaines pour la première fois. Les journalistes s'agglutinent pour suivre le conseil national du 5 mai qui valide la nouvelle alliance. « On n'avait jamais vu ça ici, reconnaît Olivier Faure en juin 2022. Avant, il y avait un ou deux journalistes pour suivre nos événements, parfois même un seul journaliste de l'AFP, en visio[1] », sourit le premier secrétaire. Le PS reprend quelques couleurs, mais pour combien de temps ? « La vente de Solférino est une catastrophe », achève Julien Dray dès le début de notre entretien. C'est là qu'il a décidé de tourner le début de son documentaire, en 2021, *La DiPSarition ?*[2] auquel il retire aujourd'hui le point d'interrogation. « Dans l'opinion publique et l'inconscient collectif, la vente du local marque la

1. Entretien avec l'autrice, 13 juin 2022.
2. Julien Dray et Jean-Pierre Pozzi, *La DiPSarition ?*, 2022.

fin d'une histoire, c'est une forme de suicide. » Le PS arrivera-t-il à renouer avec ses gloires du passé ? Pour ça, il lui faudra retrouver les électeurs perdus, rameuter de nouveaux militants, inventer sur le plan des idées et incarner une option politique crédible. Des défis gargantuesques.

LA GOURMANDISE

Gourmandise : défaut du gourmand[1].

1. Larousse.

Ah la gourmandise ! Mon péché préféré… Celui qu'on peut pardonner. Maupassant le trouve même « respectable ». « De toutes les passions, la seule vraiment respectable me paraît être la gourmandise… », proclame l'écrivain, dans un alexandrin. Les alexandrins manquent à la vie politique. Ils incarnent en douze pieds la beauté et le plaisir, deux mamelles dont la France a besoin et que les dirigeants politiques oublient souvent, surtout ceux de gauche qui n'ont eu ces dernières années, pour la plupart, que cruautés ou privations à la bouche.

Tapez « gourmandise » dans un moteur de recherche, et vous vous apercevrez que la plupart des internautes recherchent : « Pourquoi la gourmandise est un défaut ? » La question mérite d'être posée. Surtout en France où le goût des bonnes choses et l'importance de la gastronomie font ciment dans une société à la dispute facile. Alors, pourquoi se priver ? Pourquoi ne pas profiter de plaisirs qui ne dérangent personne ? La réponse est unanime, d'Aristote à la doctrine catholique du Moyen-Âge, en passant par Dante qui place la gloutonnerie au troisième cercle de son Enfer[1], entre la luxure et la colère. Car l'être humain, selon la morale et la philosophie, est appelé à la « tempérance ».

Il ne faut pas abuser des bonnes choses, surtout en politique. Encore plus en période de crise. Les homards de François de Rugy ne lui ont-ils pas coûté son poste, en juillet 2019 ? En réalité, c'est surtout parce que les dîners fastueux de l'ex-président de l'Assemblée nationale n'étaient pas totalement professionnels et que d'autres affaires continuaient d'être égrenées dans *Mediapart* que l'ancien écolo, passé chez Emmanuel Macron, a dû quitter son poste de ministre. Mais ce sont les homards qu'on retient. Le symbole est trop fort. Depuis que je suis la vie politique française, j'ai souvent ressenti une forme de gêne face au faste républicain. Le décorum et l'excellence sont importants, ils sont parfois trop clinquants par rapport à ce que vivent les administrés.

Chaque ministère ou institution est connu pour ses gourmandises. À l'hôtel de Lassay dans les années 2000, les madeleines de Bernard Accoyer, le président de l'Assemblée nationale de 2007 à 2012, sont réputées. Les journalistes peuvent en avoir une ou deux, avant les conférences de presse. C'est loin

1. Dante, *La Divine Comédie*, chant VI.

d'être scandaleux. Un jour pourtant, en me rendant dans ce palais traversant des quais de Seine et des jardins du Palais Bourbon, un huissier en habits me prie de « ne pas filmer les dorures ». J'ai été troublée. Je me suis demandé ce qu'il y avait à cacher aux Français qui financent à juste titre avec leurs impôts le siège de leurs représentants. Je n'ai jamais su la raison exacte, mais j'ai perçu un malaise dans son injonction.

Kebab

« À l'Élysée, c'était dégueulasse. » La petite phrase adressée au Premier ministre Jean-Marc Ayrault et à son épouse n'a pas vocation à être entendue. Elle a même dû être pensée comme un compliment. « Franchement, la maison Matignon… y a pas photo. » Ce 27 mars 2014, sur le perron de l'hôtel de Matignon, avec un air jovial et détendu, Nicole Bricq, ministre du Commerce extérieur – décédée en 2017 – commente le dîner d'État donné la veille à l'Élysée par François Hollande, en l'honneur du président chinois Xi Jinping, de passage à Paris. BFMTV, comme d'autres chaînes de télévision, est présente dans la cour ouverte à la presse, capte la séquence et la diffuse. Le tollé est immédiat, la toile s'emballe. « Toi qui bouffes des pâtes un soir sur deux, sais-tu que la ministre Bricq trouve la bouffe de l'Élysée dégueulasse? » interroge un compte Twitter de droite nommé « Madame Michu ». « La prochaine fois, Nicole Bricq, tu feras comme tout le monde, t'iras te chercher un kebab », conseille un dénommé Aurel Morgan. « Marie-Antoinette », peut-on lire à plusieurs reprises. C'est aussi la formule que j'ai écrite dans mon cahier de l'époque, en rapportant l'épisode.

Le jour même, je me rends dans les locaux de Radio Classique pour une chronique quotidienne que je tiens dans l'émission du soir. Il y a souvent un invité politique qui patiente aussi dans le hall de la radio, avant que ce soit à notre tour d'entrer. C'est l'occasion d'échanger quelques mots en « off », de discuter de l'actualité. L'ambiance peut être légère, parfois humoristique, une forme de détente avant l'antenne. Cette fois, c'est Bruno Le Roux, président du groupe socialiste à l'Assemblée nationale qui est aussi à la tête du groupe d'amitié France-Chine. On repasse ensemble la journée politique, marquée par cette polémique culinaire, avec une autre journaliste de la rédaction. Nous sommes toutes les deux surprises par les propos. On en rigole. Et puis, se sentant sans doute en confiance pour nous faire une confidence, Bruno Le Roux lâche, le plus sérieusement du monde : « Faut dire qu'elle avait raison... Ce n'était vraiment pas bon! » Moi, interloquée et curieuse – cela peut arriver de rater un plat –, je lui demande des détails. « Ah bon ? Mais que s'est-il passé ? » « Non, rien, mais on aurait dit du Lenôtre quoi ! » Du Lenôtre… Déconnexion totale.

Volaille landaise rôtie

C'était l'époque où les polémiques commençaient à s'installer plusieurs jours sur les réseaux sociaux et les ondes. Dès le lendemain, *Le Figaro* dévoile en exclusivité le menu du dîner de la discorde. « Gourmandise de foie gras truffé », « volaille landaise rôtie et sa viennoise de champignons », « nuance chocolat et caramel, glace acidulée[1] ». Je ne sais pas si elle a goûté les vins, mais ça a dû relever le niveau. Château d'Yquem 1997, Château Lafite 1999, Champagne Deutz de 2005. Les petites phrases peuvent entraîner des répercussions terribles sur la confiance des Français en leurs élus. Un peu plus tard, en plein conflit des Gilets jaunes, Gérald Darmanin évoque des notes de déjeuner à « 200 euros lorsque vous invitez quelqu'un et que vous ne prenez pas de vin dans les restaurants parisiens ». Je ne sais pas où il va, mais je n'ai jamais vu rien de tel dans les

1. Ivan Valerio, « Foie gras et volaille landaise, le menu que Nicole Bricq a trouvé "dégueulasse" à l'Élysée », *Le Figaro*, 28 mars 2014.

restaurants du quartier des ministères, même s'ils sont souvent très chers.

Certains députés socialistes, trois jours plus tard, ironisent encore sur la polémique Bricq. « Au moment où se prépare le sommaire repas dominical, j'hésite à inviter Nicole Bricq », persifle Richard Ferrand. À l'époque, le député breton est inconnu au bataillon. Son message ne dépasse pas les quinze retweets et passe inaperçu. En 2018, il est devenu président de l'Assemblée nationale et sa proximité avec Emmanuel Macron l'a conduit à adopter un ton moins piquant sur les réseaux sociaux. Le lendemain, Nicole Bricq présente ses excuses au chef de l'Élysée, Guillaume Gomez, trente-cinq ans, au Palais depuis dix-sept ans, qui n'a que très peu goûté le commentaire. Nicole Bricq est évincée du gouvernement lors du remaniement ministériel prévu les jours suivants, afin de tirer les leçons d'élections municipales catastrophiques pour le PS en place. Il perd notamment des villes de banlieue parisienne emblématiques de la culture ouvrière et y est remplacé par la droite.

Quand il dirige le parti socialiste dans les années 2000, François Hollande se voit attribuer des sobriquets tous plus gourmands les uns que les autres. « Flanby », « fraise des bois », « Guimauve le conquérant »... Est-ce en raison de son supposé embonpoint ou des accusations de mollesse qu'Arnaud Montebourg, Laurent Fabius ou Guillaume Bachelay glissent ces petites piques à l'égard de leur rival ? Sans doute un peu des deux. Avec « fraise des bois », il s'agissait pour Laurent Fabius, actuel président du Conseil constitutionnel, de souligner son côté jovial, « M. petites blagues », afin de le décrédibiliser. En dépit des railleries, c'est bien François Hollande qui a fini par l'emporter et entrer à l'Élysée contre tous ses prétendants plus brillants les uns que les autres, comme Dominique Strauss-Kahn ou Laurent Fabius. « La joie te mènera à la liberté », prévient Spinoza. Certains, à gauche, en ont sacrément manqué ces dernières années.

Car si pécher par excès est à bannir, oublier la gourmandise et ses délices constitue un vilain défaut. Il conduit à perdre le goût de vivre, le plaisir de la bonne chère, tout ce qui fait… le sel de la vie. En pleine campagne présidentielle, en 2022, un philosophe vient tirer les oreilles des partis de gauche. Dans son essai *Quartier rouge. Le Plaisir et la gauche*[1], Michael Foessel plaide pour que le plaisir redevienne politique et constate que les bonnes choses ont été accaparées par la droite conservatrice ou identitaire. « La gauche apparaît souvent comme

1. Michael Foessel, *Quartier rouge. Le plaisir et la gauche*, Puf, 2022.

une sorte de morale, en raison de l'écologie, en raison de normes tout à fait légitimes qui apparaissent dans le champ de la sexualité, comme celle de l'égalité entre les hommes et les femmes… La petite musique qui vient de la droite ou de l'extrême droite est qu'on ne peut plus rire de tout, on ne peut plus vivre comme avant, il n'est plus possible de manger de la viande, il y a un caractère culpabilisant[1] », observe celui qui a succédé à Alain Finkielkraut à la chaire de philosophie de l'école Polytechnique. Sans remettre en cause le bien-fondé des exigences contemporaines, l'intellectuel regrette l'oubli des plaisirs et leur partage, comme la fête, la sexualité ou la gastronomie, dans la structuration politique des partis de gauche et dans leurs façons de s'adresser à leurs électeurs. Certains sont visés plus que d'autres.

Les écologistes ont beaucoup été caricaturés ces dernières années, à mesure que leurs scores aux élections progressent. « Je ne crois pas au modèle amish », bat en brèche Emmanuel Macron, en présentant son plan pour la 5G, deux mois seulement après leur victoire aux municipales de 2020. Il n'est pas le seul. Quand je me rends à la mairie de Saint-Denis, un soir pluvieux de 2021, l'un des

1. « Michaël Foessel : "La question du plaisir est aujourd'hui centrale en politique" », France Inter, 26 janvier 2022.

socialistes qui y travaillent me fait la visite. « Tu vois, ici, c'est le marché de Noël, ça a un succès fou ! On n'a pas lésiné sur les arbres morts, je peux te dire. » Je ne comprends pas bien l'allusion tout de suite, je n'ai jamais en tête que chaque famille de gauche est prête à se taper dessus à toute occasion – et puis, je me souviens.

Arbres morts

Pour sa première grande conférence de rentrée, le maire écologiste de Bordeaux, élu en 2020, fait savoir à ses administrés qu'ils seront cette année à Noël privés de sapin. Sympa. La place Pey-Berland du centre de la ville aura à la place un arbre recyclé, en verre, « de toute beauté », selon ses soutiens. Le message qu'il passe, avec une tête de six pieds de long, c'est que les écologistes sont des « rabat-joie », des empêcheurs de plaisirs simples. Le visage triste et fermé, Pierre Hurmic annonce à ses habitants qu'il n'y aura pas « d'arbres morts » cette année sur les places de la ville. L'expression reste, l'impression de punition aussi. Il y avait sans doute une autre manière de présenter les choses. La droite et l'extrême droite s'emparent depuis de la polémique chaque mois de décembre, en postant sur les réseaux sociaux des sapins de Noël décorés pour fustiger les écolos.

Un peu plus tôt, c'est le maire de Lyon, écologiste lui aussi, qui fait parler de lui à cause… du Tour de France. Grégory Doucet défraie la chronique à peine élu en jugeant la manifestation sportive la plus populaire de France « machiste » et « polluante ». Si les arguments qu'il utilise peuvent s'entendre, les propos, loin d'être rassembleurs, crispent et sont vécus comme une agression. 42 millions de Français regardent la compétition sportive, soit la quasi-totalité du corps électoral… Peut-être eût-il mieux valu peser ses mots… Et ce n'est pas fini. Plus au nord, à Poitiers, la maire écologiste Léonore Moncond'huy décide de supprimer les subventions aux aéroclubs de sa ville. « C'est triste, mais l'aérien ne doit plus faire partie des rêves d'enfants aujourd'hui », justifie-t-elle sous les huées de tout le pays. L'insurrection est générale : comment peut-on s'en prendre aux rêves des enfants ?

Aux maladresses ou convictions profondes, s'ajoute parfois… l'incompétence. Ce 14 avril 2021, au conseil municipal de Vincennes, banlieue cossue de l'est de Paris, le dialogue est lunaire. Un jeune conseiller municipal d'opposition, tee-shirt et MacBook, se prend les pieds dans le tapis. Ce jour-là, on discute d'une subvention à accorder au yacht-club de la commune. La maire UDI, Charlotte Libert-Albanel, plus expérimentée, le somme de justifier son abstention sur le sujet.

Quentin Bernier-Gravat cherche sur son ordinateur une explication et finit par bredouiller : « Nous ne subventionnons pas les sports qui émettent des polluants.

– Des polluants ? C'est-à-dire ? hallucine la maire.

– Le yacht-club, c'est des bateaux? bafouille l'écologiste, de plus en plus mal à l'aise.

– Oui. À voile. C'est-de-la-voile, ça avance avec le vent, un ba-teau… », ironise la maire, qui découpe exprès les syllabes sous les rires nourris des élus de sa majorité.

Elle enfonce le clou, afin d'assurer sa réélection. « Au moins les gens sauront (…) On est à peu près sur le même niveau de polémique que les aviateurs quoi… » La référence à la maire de Poitiers est explicite. « J'avais bossé mes partiels, un peu moins mes dossiers », s'excusera le jeune élu sur Twitter. Trop tard. Dans la tête des électeurs, l'amalgame se fait : tous dans le même sac.

Les mairies vertes qui devaient être les vitrines d'un parti en expansion, redouté, à deux ans de la présidentielle, jusque dans l'entourage d'Emmanuel Macron, perdent en quelques mois tout leur capital politique accumulé. Loin de les former à la communication ou de les recadrer, les dirigeants nationaux relativisent ces bourdes qui participent à donner une image peu crédible de leur mouvement. « Nous avons fait des sondages, les administrés sont très heureux de leurs maires », répondent de concert les dirigeants nationaux du parti. Circulez, il n'y a rien à voir. « Ceux qui nous attaquent sont ceux qui ne votent pas pour nous et qui ne voteront pas pour nous. Donc je ne crois pas que ce soit ça le sujet », évacue toujours, début 2022, David Cormand, eurodéputé écologiste et secrétaire national du parti de 2016 à 2019. Comme si la politique ne consistait pas, justement, à aller chercher des voix au-delà du cercle de ceux qui sont déjà convaincus.

L'un des principaux penseurs de l'écologie en France, Bruno Latour, tente de secouer une machine qui ne semble pas réaliser l'image qu'elle renvoie. Dans son ouvrage de référence *Mémo sur la nouvelle classe écologique*[1], l'anthropologue ne passe pas par quatre chemins : « L'écologie politique réussit l'exploit de paniquer les esprits tout en les faisant bâiller d'ennui. » En ont-ils tiré les conséquences ?

Le candidat écologiste Yannick Jadot a eu du mal, au cours de la campagne présidentielle de 2022, à « imprimer » comme le dit le mot consacré. Il parle beaucoup, mais on n'entend pas ce qu'il dit. Je me suis toujours demandé pourquoi il ne martelait pas toute la journée « Je suis le président du bio ». Les

1. Bruno Latour et Nikolaj Schultz, *Mémo sur la nouvelle classe écologique*, La Découverte, 2022.

magasins bios poussent partout dans le pays, c'est le sujet le plus rassembleur du moment. Qui n'a pas envie de manger bio ? Sur France Inter, le 9 janvier, il est l'invité de l'émission « Questions politiques », un passage média important. Peu d'idées fortes émergent, encore moins d'espoir suscité. « Je veux redonner du sens au travail », explique Yannick Jadot. Il l'a déjà dit. Il n'y a pas d'épices, pas de piquant. Ça manque de goût. Tout le monde veut avoir du sens dans son travail, mais concrètement ? Il ne dit rien. Pourtant les sujets ne manquent pas sur la thématique du travail. Chaque jour, des salariés sont harcelés moralement ou sexuellement, des agriculteurs mal payés se suicident, des livreurs Deliveroo n'ont pas accès à la sécurité sociale et des cadres n'arrivent pas à déconnecter… Il y a de la souffrance au travail dans toutes les strates de la société, mais pas une mesure concrète n'émane de l'émission. Les électeurs de gauche n'en peuvent plus d'entendre les éternels « je tends la main à tous les progressistes, tous les humanistes », « je suis la candidate social-démocrate » – car Anne Hidalgo n'est pas en reste dans la série des mots creux – quand ce n'est pas « la justice sociale » qu'ils promettent en chœur sans jamais détailler comment y parvenir. On pourrait faire un bingo. La palme revient sans doute à l'ancien ministre hollandais Stéphane Le Foll qui pensait remuer tout le monde en 2016 avec un mouvement nommé – c'est très sérieux – « Hé oh la gauche ! ». Au même moment, Jean-Christophe Cambadélis essayait de réunir la gauche dans la « Belle alliance populaire » qui n'avait rien ni de beau, ni de populaire.

« En politique, vous savez qui fait une bonne campagne quand on voit le candidat à la télé et que son slogan arrive immédiatement à votre cerveau. » La phrase d'une stratégie politique pure et parfaite aurait pu venir des plus gros cerveaux d'Havas, mais elle est signée… du président du groupe MoDem à l'Assemblée nationale, Patrick Mignola, battu en 2022. Le député d'alors, peu connu du grand public mais fin politique, met des mots simples sur un antidote que les écologistes n'ont pas réussi à inventer pendant cette campagne. En écrivant ces lignes au mois de février 2022, je décide de tester la technique avec les candidats de gauche. Je mets plusieurs secondes pour retrouver le slogan du candidat écolo, dévoilé trop tard, au mois de janvier. « Changeons ». Si moi, journaliste politique avec le nez dedans, je ne m'en souviens plus à deux mois du premier tour, c'est qu'il y a un sérieux problème. Alors qu'on commence à peine à s'y habituer et que la formule est bien trouvée, finalement, sur son affiche de campagne, qui sort en février, le slogan a changé. C'est devenu : « Faire face ». La situation en Ukraine s'est certes invitée dans la campagne, mais on imagine aisément le Président sortant, Emmanuel Macron, qui, lui, fait vraiment face pendant ce temps-là, incarner la même idée, en mieux. Surtout qu'il est de profil sur la photo. Problème de positionnement.

Ce n'est pas la première fois que l'écologiste change de pied. Pendant sa campagne aux élections européennes de 2019, Yannick Jadot refuse l'étiquette « de gauche » qui semble porter la poisse et plaide pour une écologie « ni de droite ni de gauche », la double négation n'ayant rien de très souriant. Il loue dans *Le Figaro* – ce qui n'a rien d'anodin – « la libre entreprise et l'économie de marché » et veut dépasser « les vieux clivages politiques[1] ». Emmanuel Macron, décidément copié, l'a déjà fait deux ans plus tôt. Tergiversations, encore, le 16 avril 2021, sur le nucléaire, point d'identification de son parti. Il reste un an avant la présidentielle, est-ce le moment de flancher ? Lors d'un débat face à Bruno Le Maire, sur France 2, on peine à différencier les deux hommes : « On ne va pas arrêter du jour au lendemain le nucléaire. Il faudra en sortir… », tente de rassurer l'écologiste, sans que l'on comprenne très bien ni quand ni comment. Des propos que n'aurait pas reniés Barbara

1. Tristan Quinault-Maupoil, « Européennes : Yannick Jadot veut "dépasser les vieux clivages" politiques », *Le Figaro*, 5 mars 2019.

Pompili, collègue de Bruno Le Maire, venue d'Europe Écologie Les Verts. Tiraillement d'identité. Dans son ouvrage, Bruno Latour invite à la « fierté écologiste », comme il y eut une fierté socialiste ou communiste. On n'y est pas. « Nous avons perdu la bataille culturelle sur le nucléaire[1] », se désole Raphaëlle Rémy-Leleu, conseillère écologiste de Paris, sans faire référence à cet épisode.

Malgré ses cinquante ans de présence à une présidentielle française – la première fois en 1974 –, le parti écologiste en est encore au stade de l'adolescence. Il se cherche et donne à voir différents visages, sans jamais réussir à faire rêver. « Ce n'est pas un parti de masse, c'est un parti en croissance », poursuit la trentenaire. « Dany Cohn-Bendit aurait pu créer un parti vert européen bien plus grand, mais c'est un jouisseur… », justifie David Cormand, à propos de cette crise de croissance. « Créer un parti, ce n'était et ce n'est pas moi. Ce ne sont pas mes qualités. Je suis trop indiscipliné », répond au téléphone Daniel Cohn-Bendit, en mai 2022. Trop de gourmandise ou pas assez ? Les écologistes n'ont pas su trouver l'équilibre. Celui qui leur permettra un jour de rassembler une majorité de Français.

1. Entretien avec l'autrice, 4 février 2022.

À l'inverse, « l'ordre juste », « mon ennemi c'est la finance », « travailler plus pour gagner plus ». Les slogans de Ségolène Royal, François Hollande ou Nicolas Sarkozy leur collent à la peau. Emmanuel Macron aussi a compris la formule magique des vainqueurs avec son « en même temps » qui est resté. « Changer la vie », promettait François Mitterrand dès 1972. Il faut incarner quelque chose, une seule, et s'y tenir.

Couleurs pop

Dans une certaine mesure, Fabien Roussel, le candidat des « jours heureux » a réussi, lui, à faire passer le message du plaisir en politique. Avec une affiche aux couleurs pop et au design branché, il a appliqué, le temps d'un instant, les conseils des intellectuels cités plus haut. Le directeur de sa campagne, Ian Brossat, ne cesse de sourire quand je le rencontre en février 2022. Il passe une « super campagne », même certains conseillers socialistes me confient qu'ils aimeraient être à sa place. L'adjoint au Logement d'Anne Hidalgo à la mairie de Paris raconte avoir théorisé cette stratégie du bonheur pour tous, en s'inspirant de ses camarades communistes de Wallonie, en Belgique. « Avant, quand on distribuait des tracts à l'entrée des usines, les gens disaient “ah, les porteurs de mauvaises nouvelles”. Il faut être un peu joyeux, sinon ça les fait fuir. Les gens n'ont aucune envie d'entendre que tout va mal, ils le savent déjà », détaille-t-il en citant ses collègues. Je n'ai jamais connu le parti communiste aussi enthousiaste. Du temps de Pierre Laurent, secrétaire national du PCF de 2010 à 2018, la seule couleur qui me vient à l'esprit est le gris. Je m'aperçois que je ne l'ai jamais vu sourire. Je ne connais pas ses dents. Je n'arrive pas à savoir s'il est vraiment triste ou si c'est juste qu'il est ainsi. Le sourire de Fabien Roussel – décrit par plusieurs de mes interlocuteurs au cours de cette enquête comme un « beau gosse », ce qui n'est jamais nul en politique – tranche avec son prédécesseur. « Il est vivant. Il aime la vie. Il est marrant et plein d'énergie », résume Ian Brossat qui gère sa stratégie et qui me confie que les premiers sondages qualitatifs réalisés par le parti en cachette faisaient d'abord émerger qu'il était « bel homme », « surtout chez les femmes ». Et il se marre devant son thé vert. Ça ferait presque plaisir à voir. Dès que je vois Ian Brossat, je pense au coût de la vie parisienne, celui des loyers inconcevables et du mètre carré qui s'envole. Je ne peux m'empêcher de me demander ce que ça serait si l'adjoint au Logement de la mairie n'était pas communiste. Ou si les communistes ont vraiment les mains libres quand ils gouvernent. Mais c'est une parenthèse.

À l'époque de Pierre Laurent, j'ai beaucoup suivi le parti communiste. J'allais dans le magnifique siège de la place du Colonel Fabien, dessiné par l'architecte brésilien Oscar Niemeyer, j'observais ses meubles au design impeccable des années 1970 et le bureau sur lequel le programme commun a été signé à la même époque. L'immense coupole est désespérément vide. Parfois, on croise une permanente à l'accueil ; souvent, elle est absente. On traverse des salles de réunion désertes. Un coup, il n'y a pas d'eau, un coup, il n'y a pas de chaises. Souvent, c'est le wifi qui manque, comme l'ultime pirouette d'un parti qui peine à se mettre à jour. Le 25 avril 2017, deux jours après le premier tour de l'élection présidentielle, les journalistes ont rendez-vous pour connaître la déclaration de Pierre Laurent, après les résultats. Le moment est important. Il est organisé à 13 heures, l'heure des JT. Il n'y sera pas. Ils ont commencé sans eux. C'est trop tard. Le wifi ne fonctionne pas et on ne capte pas dans la salle de conférence. À l'image d'un parti en fin de règne, elle est au sous-sol et trop grande pour l'occasion. Je travaille à LCP et je ne peux pas joindre ma rédaction en chef pour lui délivrer le message à temps pour l'édition de 13 heures. Les communistes s'effacent. Le seul mot qui me vient dans ces années-là est « à l'abandon ». En 2022, je repasse devant le siège et m'aperçois qu'une immense banderole jaune, rose et bleu, aux couleurs de l'affiche de Fabien Roussel, a été déployée sur la façade, son visage en grand format accolé au fronton et les « Jours heureux » qui clignotent. Je me dis que les choses ont changé du tout au tout. « On diffuse en direct maintenant, on a même un studio télé avec un fond vert ! », se réjouit Ian Brossat. Avec quinze permanents, ils ont réussi à redonner quelques couleurs à un parti communiste inexistant. Les résultats sont là : en 2022, le PCF passe devant le PS pour la première fois depuis 1969. 2,28 % pour Fabien Roussel contre 1,75 % pour Anne Hidalgo. Le résultat est maigre pour tout le monde. Loin de sauver la gauche, le PCF envoie au moins un signal : il faut des éléments positifs pour tenter de convaincre les Français. Ils sont gourmands.

Si l'on abuse du péché de gourmandise, en revanche, on risque l'indigestion. En 2002, l'électeur de gauche s'est retrouvé devant une boîte de Smarties. Il y en a de toutes les couleurs, des roses (Lionel Jospin et Christiane Taubira), des rouges (Robert Hue, Arlette Laguiller et Olivier Besancenot), des verts (Noël Mamère), des violets (Daniel Gluckstein du parti des travailleurs), des bordeaux (Jean-Pierre Chevènement). Pas moins de huit candidats de gauche, dont deux trotskistes et cinq qui appartiennent à la gauche plurielle de Lionel Jospin. Le peuple de gauche n'a que l'embarras du choix. Il peut se pourlécher les babines : toutes les nuances de son bonbon préféré lui sont offertes, sur un plateau.

« Le point de départ de 2002 est intéressant, car c'est à ce moment-là que la gauche commence à expérimenter la faiblesse. La pluralité l'emporte sur l'union[1] », analyse le politologue Pascal Perrineau pour qui la sémantique est importante. « On ne parle plus d'union de la gauche, mais de gauche plurielle. Le mot met plus en valeur la diversité des gauches que ce qui les rassemble. Résultat, elles s'affaiblissent mutuellement. Ils sont tous là, et cela va provoquer la non-entrée de Lionel Jospin au second tour. »

« Merci d'être dès demain les chevilles ouvrières d'une possible victoire en avril 2002, euh 2022... » Quand elle remporte la primaire populaire, le 30 janvier 2022, Christiane Taubira commet un lapsus qui en dit long. Vingt ans après l'échec de 2002, elle est accusée par ses détracteurs d'ajouter « une candidature de plus » à une gauche déjà dispersée. Exactement comme on lui reproche à l'époque d'avoir « fait perdre Jospin » au premier tour de la présidentielle.

Christiane Taubira est souvent citée comme une icône à gauche. Elle connaît les vers de René Char et d'Aimé Césaire par cœur, rare politique à intégrer

1. Entretien avec l'autrice, 25 février 2022.

la poésie – et donc l'espoir – dans son logiciel. C'est ce qui l'a fait éclore, lorsqu'elle défend, en 2014, le mariage pour tous à l'Assemblée nationale, sous François Hollande, pendant de longs jours et de longues nuits. Une part importante du bilan du socialiste. Souvent la seule qui reste. « Vous pouvez vous arrêter là, il n'y a rien d'autre à dire », répondent de concert Ian Brossat, pilier du parti communiste français, et Gérard Miller, proche de Jean-Luc Mélenchon, quand on les questionne sur les mesures « de gauche » du quinquennat Hollande.

Mais Christiane Taubira n'a pas toujours eu ce statut d'icône indépassable de la gauche actuelle. En 2002, elle se présente à l'élection présidentielle sous l'étiquette du parti radical de gauche auquel elle appartient. Après la défaite de Lionel Jospin, elle est immédiatement pointée du doigt comme la responsable principale de son échec au second tour, avec Jean-Pierre Chevènement. Noël Mamère, Olivier Besancenot et Robert Hue, eux, ne sont pas souvent cités. Ils sont moins proches du PS et beaucoup ont intégré qu'ils présentent, par tradition, des candidats aux élections.

En 2002, les candidats et leurs partis ont eu les yeux plus gros que le ventre. Le PS pense qu'il pourra encaisser, en sortant essoré de cinq ans au gouvernement, le choc de huit candidatures à gauche, au point d'aider le trotskiste Olivier Besancenot dans l'obtention de ses cinq cents parrainages, en échange d'une expression pas trop dure envers Lionel Jospin au soir du premier tour. Ses concurrents sont tous persuadés que le Premier ministre sera présent au second tour. Ils ne voient pas le danger arriver et font valoir leurs atouts, pour séduire l'électeur gourmand. « Je n'ai aucun état d'âme, je n'ai pas le sentiment de mettre la gauche en péril, bien au contraire », soutient Christiane Taubira à la télévision. « Tout le monde le sait, le deuxième tour se passera entre Chirac et Jospin », assène Noël Mamère, candidat des Verts au scrutin de 2002. Et puis cerise sur le gâteau, Robert Hue, candidat communiste : « Il est clair que Lionel Jospin sera au deuxième tour face à Jacques Chirac (...) une montée de Jean-Marie Le Pen ne correspond pas à la réalité. » Jean-Marie Le Pen se qualifie face à Jacques Chirac, avec seulement 200 000 voix d'avance sur le Premier ministre sortant. La digestion sera lente et douloureuse.

Les observateurs d'alors le répètent : « Avec un quart des voix de Christiane Taubira, Lionel Jospin était qualifié[1]. » Avec l'un des scores les plus bas

1. « En 2002, quand le nombre record de candidats à gauche jouait des tours... à la gauche », Brut / France Info, 1er février 2022.

des candidats de gauche (2,32 %) et seulement 660 000 voix, Christiane Taubira apparaît comme la diviseuse – même s'il en aurait fallu un peu plus – et conserve longtemps cette étiquette.

Vingt ans plus tard, dans une configuration quasiment identique, que les psychanalystes verraient comme un retour du refoulé, elle tente de revenir dans le jeu. Comme le gourmand devant la pâtisserie, d'abord, elle hésite. « Je pense que c'est trop. La gauche est pour l'instant trop nombreuse. » Ce 16 septembre 2021 sur France Inter, Christiane Taubira résiste à la tentation. Elle n'ira pas, promet-elle. « Non, je ne peux pas venir contribuer à l'éparpillement. »

Deux mois plus tard, en décembre 2021, elle « envisage d'être candidate à la présidentielle », la gourmandise n'est jamais loin. Au mois de janvier 2022, elle n'y résiste plus. Elle se présente à la primaire populaire. Le péché de gloutonnerie est commis. Elle qui promettait de ne pas « être une candidate de plus » s'ajoute aux autres. Retour à la case départ, la gauche dans son ensemble, sommée de s'expliquer sur ses divisions, perd deux mois clés de la campagne, en décembre et en janvier. La démarche était sincère, elle n'a pas fonctionné.

Le PS s'est fait berner une fois, on ne l'y reprendra plus. Il ne l'aide pas à obtenir ses cinq cents parrainages. La candidature ne prend pas, les sondages restent désespérément bas, son propre parti radical la lâche en pleine campagne. Christiane Taubira est contrainte de renoncer, faute de parrainages et d'erreurs d'une candidature mal préparée. Les électeurs de gauche n'ont plus faim. Ils se souviennent, eux, du goût de l'indigestion.

Conclusion

Face au Diable, l'ermite Acracio n'a qu'une seule volonté : que disparaissent les sept péchés capitaux de la Terre. En cinq ans, il parvient à éradiquer du monde les vices éternels. Résultat : la société ne tient plus debout, elle s'effondre sur elle-même. L'humanité n'a plus de raison d'être.

Dans son roman *Les sept colonnes*[1], l'écrivain espagnol Wenceslao Fernández Flórez nous invite à moins d'idéalisme, à accepter les défauts humains. Dans un contrepied teinté d'humour, il nous rappelle que si nous pouvons nous améliorer, rien ne serait pire que de gommer les péchés ancestraux. Les sept colonnes portent la société. Les vices universels définissent notre humanité. Ils sont intrinsèquement liés à notre existence. Comme la gauche, qui n'a jamais cessé d'être. Régulièrement enterrée,

1. Wenceslao Fernández Flórez, *Les sept colonnes*, 1926.

elle a toujours ressuscité. Mal représentée, embourbée, égarée, ses électeurs et son courant de pensée, eux, n'ont jamais disparu.

Cette fois, elle s'est relevée un peu plus tôt que prévu. C'est dire s'il y avait urgence à respirer. C'est ainsi que, dans une forme de miracle chrétien, les partis de gauche qui ont tant péché au fil des dernières années ont réussi, au printemps 2022, l'impensable quelques mois plus tôt selon leurs dires : l'union. La Nouvelle union populaire écologique et sociale est née aussi vite que les partis se sont effondrés. Le sursaut de vie l'a emporté sur celui de mort. Éros contre Thanatos. Dans une pulsion aussi vive que celle qui les avait conduits à échouer au fil de toutes les élections depuis 2012, les partis se mettent autour de la table en mai 2022, sous la houlette de la France insoumise, force dominatrice choisie des électeurs, et revivent.

Née en treize jours et treize nuits, une semaine de plus que la Création, l'accord de la Nupes a permis aux Insoumis d'obtenir 75 députés. 31 pour le PS, 22 pour les communistes et 23 pour les écologistes. La gauche toute mouillée pèse 151 députés. Un peu plus d'un quart de la représentation nationale. Ce n'est pas une victoire. Mélenchon entendait être Premier ministre. Il ne gouvernera pas. L'heure est à la reconstruction. Le champ de ruine est devenu un chantier. Les chefs d'équipes se sont parlé, se sont comptés. Il leur faut désormais se mettre au travail pour élever l'édifice. Les défis sont nombreux : reconquérir les catégories populaires, aller sur le terrain pour convaincre une majorité de Français que le projet de gauche a encore de l'avenir, remporter les élections locales, faire émerger des leaders. Des objectifs atteignables, mais qui se feront au prix de quelques ajustements, contenus dans cet ouvrage. Là où la gauche a péché, elle doit se faire pardonner. Et démontrer à son électorat qu'elle est encore là pour lui, seulement pour lui. Il lui faut se réinventer, aller chercher des militants, faire émerger des idées, s'imposer dans le débat public. En deux mots : être crédible.

Alors la parenthèse de 2002 à 2022 ne sera plus qu'un mauvais souvenir. Et l'image sépia d'une gauche en morceaux renaîtra dans une union glorieuse qui aura su allier les deux piliers chers à Jean Jaurès : la réforme et la révolution.

Table des matières

Imprimé en France par
CPI BUSSIÈRE (18200 Saint-Amand-Montrond)
en octobre 2022

pour le compte des Éditions J.-C. LATTÈS
17, rue Jacob – 75006 Paris

N° d'édition : 02 – N° d'impression : 2068031
Dépôt légal : octobre 2022
Imprimé en France